중국의
체온

PEKING DAYORI-CHUGOKU NO SHIN NO OMOKAGE by Ge Sun

Copyright ©2015 by Ge Sun

First Published 2015 by Iwanami Shoten, Publishers, Tokyo.

This Korean edition published 2016 by Changbi Publishers, Inc. by arrangement
with the Proprietor c/o Iwanami Shoten, Publishers, Tokyo.

중국 민중은 어떻게 살아가는가

중국의
체온

쑨 거 지음 | 김항 옮김

한참 전 이야기다.

일본에서 귀국할 때 옆 좌석에 앉은 일본인 관광객과 대화를 나누었다. 조금 나이가 들어 보이는 남성이었는데 이런저런 말을 걸어왔다.

"최근 다롄에 갔는데 모두가 활기차게 생활을 개선하려 애쓰는 모습에 놀랐어요. 몇몇 중국 사람과도 직접 만났는데 참 즐겁게 살더군요. 그래도 중국 언론에는 자유가 없죠?"

그 순간 말을 잃었다. 이토록 맥락이 엉망진창인 이야기를 정리하기에는 시간이 걸렸기 때문이다. 도무지 지식인으로 안 보이는 이 사람은, 생활을 꾸려가는 것과 언론 자유를 어떻게 관련짓고 있는 걸까?

대만에 있을 때 자주 만나던 대만 사람에게 거의 똑같은 이야기를 들은 적이 있다. 얼핏 단순해 보이는 이 발상이 중국을 인식하는 대표적 방식 아닐까 생각해봤다. 학계 연구자라면 이렇게 이야기하진 않겠지만, 중국을 논할 때 언론 자유나 인권을 키워드로 삼으면 아마 누구도 의미 있는 시각을 제시하기 힘들 것이다.

그 소박한 일본인 아저씨는 오늘날 중국을 인식하는 일반화된 틀을 드러내보였다. 구체적인 경험에서 아무리 신선한 요소를 접했어도, 기본적인 인식 틀과 키워드는 냉전 이데올로기에 머물러 있는 것이다. 냉전구조가 이미 붕괴됐더라도 냉전 시기의 경직된 이데올로기까지 붕괴됐다고 할 수는 없다. 이 이데올로기는 이미 현실과 동떨어진 지 오래지만 미디어를 통해 반복되면서 갈수록 단순명료한 형태로 여기저기를 떠돌고 있다. 그렇게 '언론 자유'나 '인권' 등은 실제 사실인 것처럼 '소비'돼왔다.

그로부터 10년 넘게 세월이 흘러 중국 인식도 바뀌었지만, 옆자리 아저씨의 한마디가 뇌리에 달라붙어 도무지 잊히지 않았다. 이 격동의 시대에도 냉전기의 경직된 사고를 뒤흔들 새로운 패러다임은 아쉽지만 나타나지 않았다. 특히 중국을 인식할 때 현실과 인식의 격차는 현저하다.

이른바 개혁개방으로 중국사회는 격렬한 변동을 겪었다. 그런데 이 변동의 궤적은 언론 통제에서 언론 자유로,

혹은 인권 탄압에서 인권 보호로, 이런 식의 경로를 따르지 않았다. 바꿔 말해 언론 통제뿐만 아니라 여러가지 자유의 통제가 여전히 존재하지만, 그것은 중국사회의 중심 문제가 아니다. 서양의 시선으로는 중국에서 벌어지는 표면상의 일부 현상을 파악할 수 있을 뿐 결코 구조적으로 중국을 해석할 수 없다. 그러므로 이 문제는 더이상 순진한 일본인 여행자의 감상 차원에 국한돼선 안 되고, 나같이 문자로 일을 하는 사람들의 직업윤리까지 포괄하는 근본적 성찰이 필요하다.

2008년 말 일본에서 1년간의 연구를 마치고 베이징으로 돌아갈 준비로 한창일 때 이와나미(岩波)에서 연락이 왔다. 잡지 『토쇼(圖書)』에 한편의 에세이를 기고해달라는 것이었다. 이 책이 탄생한 계기다.

중국을 서양식 '근대'라는 완성된 틀에 끼워 넣기는 무리지만, 그럼에도 중국은 그 '근대'와 무관한 존재도 아니다. 원래 '언론 자유' 따위에 그렇게 관심이 없던 민중은 보다 풍요로운 생활을 추구하려고 여러 조건을 이용해 역사를 움직이고 있다. 민중에게는 전통이든 근대든 동양이든 서양이든, 모든 요소가 자신의 생존조건과 맞닿는 한에서만 의미 있다. 그 의미화 과정이야말로 역사를 창조하는 프로세스다. 그리고 이 의미화의 주체는 우리같이 학술용어에 집착하는 연구자가 아니라, 문자 표현을 이차적인 것

6

으로 치부하는 민중이다. 민중이 역사를 창조한다는 것은 그런 의미일 것이다.

문자로 일을 해온 인간으로서 나는 지적 생산과 민중의 생활감각 사이의 괴리를 경계해왔다. 1990년대 이래 중국에서는 이른바 신좌익과 자유주의자 사이의 논쟁이 이어져왔는데, 나는 이 논쟁에 개입할 마음이 없었다. 거의 관념적으로 서양 이론에 기댄 이들 논의는 혼란스러운 현실을 파악하려 하기는커녕, 오히려 현실의 표상 분석으로 이뤄진 틀로 현실을 회수하려는 작업이었다. 이런 붕 뜬 지적 상황은 중국 지성계의 미숙함을 폭로한 것으로 서서히 인식되고 있지만, 이보다 긴박한 과제는 신좌익과 자유주의라는 두가지 사고 패턴에서 자유로워져 중국의 격동적 현실에 유효하게 다가가는 일이다.

중국사회는 개인을 단위로 자유를 확보하는 사회가 아니다. 각 계층의 인간관계에서 개인을 추출해내는 작업에는 거의 구조적 의미가 없다. 근대 이래 유럽의 무력침공이나 스스로의 사회 조정 등 여러 매개를 통해 중국사회는 격렬하게 변화했고, 결국 국민국가라는 틀이 정착됐지만 민중의 세계는 결코 서양식 '근대'를 따르지 않았다. 자기 나름의 근대 혹은 현대를 만들어낸 것이다. 생각해보면 먹물들 머릿속의 근현대는 외래의 것이 전통과 단절된 형태로 정착된 것이기에, 그들이 서구의 키워드로 중국 현대사를 설명해온 것은 당연한 일이었다. 이와 관련해 먹물들은 민주주의나 시장경제 등 서양사회의 진흙탕 같은 경험을 매개로 현실을 이론화·형해화(形骸化)한 뒤 중국의 미래에 이식하려 한다. 이에 대항해 유학(儒學)을 중심으로 전통을 지키자는 지적 입장도 대두되지만, 이는 유학을 불변의 것으로 치부하는 바람에 서양 이론을 형해화한 것처럼 전통문화까지 형해화했다.

그러나 민중의 생활은 이런 논의 바깥에서 활발하게 살아 숨 쉬어왔다. 전근대의 왕조 교체나 근대의 전통 부정이 아무리 민중의 생활 리듬에 영향을 줬더라도 생활의 결이 바뀌지는 않았다. 서양 사고에서 비롯된 키워드는 중국의 상황 인식을 위해 필요할 수도 있지만, 중국 인식을 위한 거점이 될 수는 없다. 그런 시좌(視座)에서 생각해보면 서양식과 반서양식의 대립은 그다지 현실성이 없다.

그렇게 나는 이와나미의 원고 의뢰를 계기로 에세이라는 형식을 통해 중국사회의 여러 요소를 나름대로 정리하고자 했다. 그때 편집부에서 다시 연락이 와 한번이 아니라 2009년부터 2개월에 한편씩 2년간 연재를 부탁받았다. 그리고 다시 4년 연재로 바뀌었다. 듣자니 내 에세이의 애독자는 연구자들뿐만 아니라 사회인, 특히 중국과 연관 있는 사업가들이었다고 한다. 그들은 살아 있는 중국을 알고 싶다며 내가 쓴 중국 민중의 생활에 흥미를 보였다.

중국은 어디에 있을까? 에세이를 쓰면서 이 물음이 점점 나를 몰아세웠다. 일상적으로 접하는 아주 한정된 현실은 어디까지 '중국'일까?

애독하는 아도르노(T. Adorno)의 『미니마 모랄리아』(*Minima Moralia*)는 생활의 실상을 아는 것이 얼마나 어려운지 말해준다. 인생이 단순한 소비생활로 전락한 시대에 신변잡기를 맥락 없이 말하는 일은, 서툰 소설가처럼 생활이나 인물의 '주체성'을 제멋대로 날조하는 일이 될 것이니 말이다. 다양한 객관적 힘은 개인생활 구석구석의 주름까지 규정하는데, 이 힘을 발견하기 위해서는 어떤 과정이 필요할까?

중국인이니까 중국을 잘 안다고 할 수는 없다. 사람의 눈으로 본 사물은 다른 해석을 통해 다른 사실이 되기 때문이다. 아도르노가 서툰 소설가를 예로 들며 한 경고가 에세이를 쓰는 내내 귓가에 울렸다. 일상생활의 주름에 침투한 여러 힘들이야말로 중국 역사의 논리 그 자체인데, 그것이 매개 없는 생활감각에 나타날 리 없기 때문이다.

나는 일본연구에 20년 이상 몰두해왔는데, 역설적이지만 그 수확 중 하나는 중국을 보는 눈이 단련된 것이다. 익숙한 생활이나 인간을 거리를 두고 보는 일, 이것은 아도르노가 경계한 '무매개'의 사고를 극복하는 유효한 시좌일뿐더러 신선한 발견으로 이어지는 과정이기도 하다.

오늘날 중국사회는 역사의 커다란 전환기를 맞이하고 있다. 한국 사람들에게는 아마 쇄도하는 중국 관광객이 그 전환을 상징할 것이다. 여러 갈등, 여러 좌절, 그리고 여러 희망과 노력이 폼 나거나 매끄럽지 않은 형태로 서로 엮여 있다. 이것이야말로 중국의 동시대사다.

연구자는 한명의 서민이다. 그래서 생활감각의 '서민성'을 유지하는 일이 중요하지만, 이 서민적 생활감각을 어떻게 지적 생산으로 확장할지 더욱 고민해야 한다. 에세이를 쓰는 사이 나는 직관이 그대로 관철될 수는 없음을 통감했다. 우리의 생활감각 중 태반은 미디어나 교육을 통해 주조되기 때문에 이미 '날것의 감각'이 아니다. 자기 눈으로 확인하고 자기 머리로 생각하고 판단하는 일이 현대에는 의외로 어렵다. 정형화된 여러 인식 패턴은 우리 사고의 경로를 절단한다. 일본인 아저씨의 이야기가 이 현상을 잘 말해주는 것이리라.

이 책은 '날것의 감각'을 매개로 새로운 중국을 발견하려는 시도다. 초보적이고 보잘것없을지 모르지만 온 힘을 다해 노력한 결과물이다. 자기 안에 침투해 있는 기성관념과 싸우면서 가능한 한 사고의 가능성을 모색하려 했다. 에세이는 이런 시도에 가장 적합한 형식이었고 스스로를 단련하는 계기였다.

마지막으로 훌륭한 번역자인 김항 씨와, 한국어판 출간

을 주선해줬을 뿐 아니라 논평으로 화답해주기로 한 백영
서 씨에게 감사의 뜻을 전하고 싶다. 바쁜 와중에 이들은
이 책의 출판을 위해 힘을 기울여줬다. 이들의 노력이 헛되
지 않도록 한국 독자와의 교류를 마음으로부터 기대한다.

2016년 3월
쑨 거

차례

일러두기

1. 외국의 인명·지명은 현지 발음에 충실하게 우리말로 표기하고 괄호에 원어를 병기했다. 단, 우리말로 굳어진 경우에는 관용을 따랐다. 음과 뜻이 다른 경우에는 대괄호 안에 원어를 병기했다.

2. 독자가 이해하기 쉽도록 덧붙인 부분은 괄호 안에 작은 글씨로 적었다.

1°

뒤틀리면서
움직이는 역사

2009.4

딱 한번 황허(黃河)를 본 적이 있다. 허난성(河南省) 정저
우(鄭州) 근처, 황허 하류에서.

활짝 갠 가을날이었다. 하늘은 파랗고 바람도 선선하고
고요했다. 황허는 천천히 흐르고 있었다. 넓은 수면을 보
니 건너편 강기슭이 흐릿하게 신기루처럼 보인다. 한순간
바다라고 착각할 정도였다.

하지만 착각은 순식간이었다. 이런 바다가 있을 리 만무
하기 때문이다. 출렁이는 진흙빛깔 수면에는 수많은 소용
돌이가 흘러갔다. 하지만 파란(波瀾)은 보이지 않았다. 소
리도 나지 않는다. 볼품없이 집요하게 뒤틀리면서 황허는
바다로 향해 흘러간다.

창강(長江)을 횡단한 사람은 있다. 마오 쩌둥(毛澤東)도

그중 한 사람이다. 하지만 황허를 횡단한 사람이 있다고는 들은 적이 없다. 무수한 소용돌이는 마치 인간의 한계를 알려주기라도 하듯 도전을 거부한다. 듣자니 대량의 흙이나 모래 때문에 흐린 수면 아래에는, 강바닥에서 회오리처럼 올라온 이러한 소용돌이가 무수한 진흙탕의 함정을 만들어서 헤엄은커녕 떠 있기도 불가능하다고 한다.

안내해준 이 지역 청년은 담담하게 말한다. 황허는 때때로 범람하기 때문에 허난성은 '황허관리위원회(黃河治理委員會)'라는 기구를 설립해 황허 양 기슭 땅을 일괄해서 관리한다고. 2~3일 전 고도인 카이펑(開封)을 방문했을 때 그 지역 지인은 예전 카이펑성(城) 일부는 황허의 범람으로 땅 밑에 묻혔고 지금 카이펑의 대부분은 후대에 만들어졌다는 이야기를 들려줬다. 하류 곳곳은 황허의 수면이 지면보다 높아 위험한 '현하(懸河)'가 된다. 게다가 전쟁 시 황허 제방을 파괴해 인위적으로 범람시켜 승리를 꾀한 일이 역사에서 종종 일어났다고 한다.

어떤 미국인이 순진하게도 중국인에게 질문했다. 자주 범람하는 황허 때문에 양 기슭의 땅도 깎여 참으로 처치곤란이다. 그런데 왜 중국인 사이에서 '모친하(母親河)'라고 불리는가? 황허 기슭에 앉아 허난성 출신의 젊은이들과 이 에피소드를 화제로 삼았다.

그들은 아무렇지도 않게 "이 강이 없었으면 우리들 중

산시성(陝西省)을 경유하는 황허. (사진: 리 지위李志毓)

국인도 없없을 테니까요"라고 답했다.

　점심시간이 됐다. 젊은이들은 황허의 어부들이 경영하는 '황허요리점'에서 식사를 대접해줬다. 그 간소한 식당의 식탁은 배 위에 놓여 있었고 물가에서 만든 시골요리가 재빨리 운반돼 나왔다. 위생상태가 결코 좋지 않은 주방 옆을 닭과 개가 자유롭게 뛰어 다니고 눈앞에는 진흙빛깔의 황허가 흐르고 있었다.

　나온 것은 황허 잉어[黃河鯉], 황허 흰새우[黃河白海老] 등 어부들이 황허에서 잡은 강의 진미다. 요리법도 외관도 소박하기 그지없다.

그러나 그 소박한 요리를 젓가락으로 입에 옮기자마자 입이 딱 벌어졌다. 이런 맛있는 잉어는 처음이었다. 깨끗한 강에서 자란 보통 잉어에서 나는 비린내도 없었고, 뭐라 형언할 수 없는 고급스러운 식감이 입안을 가득 채웠다.

황허의 잉어는 겉보기엔 지저분한 황허의 진흙탕에서 충분한 영양분을 섭취해 이렇게 귀중한 식재료가 된다고 현지 젊은이들은 설명했다.

몇년이나 지났지만 그뒤로 황허를 보러간 적이 없다. 그럼에도 황허의 이미지는 내 눈에 각인돼 빛이 바래지 않았다. 어느 여행이나 견학과는 다른, 묵직한 무언가가 마음에 남아 있다. 그것은 역사를 근거리에서 체감했다는, 그런 느낌일까?

*

올해 초겨울 1년간의 일본 체류를 마치고 베이징(北京)으로 돌아왔다. 파란으로 가득 찬 1년 동안 중국에는 어려운 일이 많았다. 티베트 문제를 둘러싼 국내외 소동, 올림픽에 관한 압력, 쓰촨(四川)대지진으로 인한 대규모 파괴와 재건, 식재료 안전 문제 등 무엇 하나 간단히 해결될 수 없으면서 지금도 진행 중인 일로 반드시 미래를 좌지우지할 것이다.

그 와중에 베이징은 조용히 변신 중이다. 작년 가을 출국할 때는 완성되지 않았던 몇몇 지하철 노선이 운행을 시작했고, 버스도 증설돼 외출 시 선택지가 풍부해졌다. 베이징 시내에서 이동하기란, 1년 전 내 상식으로는 이해하기 힘든 지점도 있었다.

무엇보다 놀란 것은 상상을 초월하는 값싼 교통비다. IC카드를 쓰면 베이징 시내 지하철은 몇번을 갈아타도, 아무리 먼 거리라도 겨우 2위안(元, 360원 정도)의 요금을 한번만 내면 된다. 버스는 대부분 4자오(角, 72원 정도)로 꽤 멀리까지 갈 수 있다. 아무리 봐도 타산이 맞지 않는 이 가격은 당연히 정부의 보조금으로 지탱된다. 교통 정체나 오염 문제를 해결하기 위해 대중교통 요금을 아주 싸게 책정해 자가용을 줄이겠다는 것인데, 실제로는 그 목적과 전혀 다른 효과가 생겨났다. 자가용 이용자는 교통비 변화에는 거의 반응하지 않았고 결국 행정당국의 통제로 운전 횟수를 줄일 수밖에 없었던 데 비해, 하루하루의 지출을 한 자리 숫자까지 계산하는 민중들이 광범위하게 호응해 싼 교통비를 환영했다. 그 때문인지 정류장이나 역에서 질서정연한 줄이 생겨나 서민의 표정도 전보다 부드러워졌다.

이런 변화는 모종의 표지일지도 모른다. 싼 교통비와 편리한 교통수단은 도로를 가득 메운 자동차 수를 줄일 수는 없었지만 서민들에게 기쁨을 준 것이니 말이다. 베이징은 지금 토오꾜오(東京)에 뒤지지 않을 정도의 거대도시가 돼 여러가지 딜레마를 안고 있다. 정책의 목적과 실제의 효과 는 결코 일치하지 않는다. 마치 황허의 뒤틀린 물결처럼 '현대화'라는 바다로 흘러들어가는 과정은 역사의 냉엄한 경로가 아닐까 싶다.

*

겨울을 앞두고 대지진 피해자를 위한 지원 모금이 다시 시작됐다. 정부와 민간의 호소에 힘입어 베이징 시민(아니 전국의 시민)들은 자발적으로 겨울용 물품을 사 모아 그것 을 몇가지 경로로 쓰촨에 보냈다. 여러면에서 시민의 노력 이 눈에 뗀다. 예를 들어 일본에서도 가장 문제시된 식품 안전 문제를 둘러싸고는, 유기농업 시스템이 서서히 마련 돼 유기농산물과 더불어 식품안전 의식이 시민 생활에 스 며들기 시작했다. 그러나 이런 노력은 모두 예외 없이 딜 레마에 직면할 수밖에 없다.

시골에서 돈벌이를 위해 베이징에 온 농민공(農民工) 자 녀의 교육 문제 관련 일을 하는 어떤 여성에게서 이야기를 들었다.

베이징에서 일하는 농민공은 해마다 늘어나지만 새로 운 농촌 정책과 도시 불황 때문에 농촌으로 되돌아가는 현상도 시작됐다. 아무튼 베이징에 있는 농민공 자녀의 교육 문제는 여전히 심각하다. 호구(戶口, 후커우)를 베이징으로 옮기지 못하기 때문에 베이징 아이들과 같은 학교에 다니기가 어렵다. 대부분의 아이들은 '타공자제학교(打工子弟學校, 대도시 변두리에 있는 사설 간이학교로서 정식 호구가 없어 정규 학교에 갈 수 없는 노동자 자녀에게 교육기회를 제공)'에 다니는데 베이징에 천개가 넘는 이런 학교 중 교사의 수준이나 학교 건물 등의 조건을 충족해서 인가된 곳은 겨우 300여개밖에 없다고 한다.

사범대학 석사학위를 가진 이 젊은 여성은 지금 농민공 아이들을 상대로 활동하고 있다. 그녀와 자원봉사 단체는 타공자제학교에 다니는 아이들을 위해 '주말교실'을 열었다. 자기 미래가 불안한 아이들이 고민을 나누고 스스로 자신감을 키우는 여러 이벤트를 지속적으로 기획하고 있다. 대학에 진학하지 못해도 존엄한 인생을 보내기 위한 의지를 길러내는 것이 자원봉사 단체의 목적이라고 한다.

'빈부 격차'로만 치부할 수 없는 이런 어려운 현실과 마주하면서 그녀의 심정은 복잡하기 그지없을 것이다. 가령 호구를 자유롭게 옮길 수 있더라도 이런 마이너리티들이 거대도시 속에서 어떻게 생활을 보장받을 수 있을까? 정부 각 부문에서는 이 문제를 해결하기 위해 십수년 전부터 머리를 맞대고 있지만 해결책을 내놓지는 못했다. 농촌

정책은 서서히 농민의 이익을 확대하는 쪽으로 향하지만, '근대(현대)'를 인간의 생활목표로 삼으면 농민의 도시 지향은 존중해야 하는 것으로 간주돼 농촌의 과소화는 피할 수 없게 된다. 그것이 바람직하지 않다면 '현대화'라는 부동의 전제 아래에서 어떤 사회정책이 평등이라는 이상에 가까이 갈 수 있을까? 정부의 딜레마와 별도로 시민활동가도 자신들의 딜레마를 안고 있다. 환경보호를 호소하는 한 활동가는 농촌출신 대학생에게서 이런 질문을 받았다고 한다. "환경보호 정책으로 농촌의 비합법 소기업이 문을 닫아버리면 누가 내 학비를 내는가, 당신이 내줄 건가?"라고 말이다.

하나의 문제가 해결되면 그 해결책이 다른 문제를 낳는다. 세계화가 진행되며 한꺼번에 문제를 해결하기가 점점 어려워지기 때문에 정부도 시민도 모두 각각 이 딜레마와 마주할 수밖에 없다. 뒤틀리면서 움직이는 역사는, 황허라는 '모친하'처럼 달콤한 단순화를 허용하지 않는 엄중한 존재이지만 그 진흙탕 속에서 맛있는 잉어도 자라고 있다.

산채문화

2009. 6

중국의 2008년 유행어 가운데 '산채판(山寨版, 산자이반)'이 있다. 이 '산채'라는 말에 딱 맞는 일본어는 없다. '산촌(山村)'이라 옮기면 긴장감이 없고 '산적 (소굴)'이라 옮기면 부정적 이미지가 너무 강하다. 억지로 옮기자면 『수호전(水滸傳)』의 영웅들이 진을 치고 살았던 산채(山砦)로 유명한 '양산박'일까?

내가 이 어휘를 처음 본 것은 1년 동안의 일본 체류를 마치고 베이징에 돌아온 지 얼마 되지 않는 2008년 가을 즈음이었다.

부재중에 쓰지 않았던 휴대폰을 꺼내자 배터리가 나가 있었다. 이 휴대폰은 2003년에 산 노키아 제품으로 기능이 적지만, 아니 적은 덕분에 쓰기 쉬웠다. 전자제품점에 배

터리를 사러 갔더니 예상 밖으로 어디서도 팔지 않는다고
했다. 겨우 5년 전 제품인데 이미 생산이 중단돼 배터리도
팔지 않는단다. 젊은 점원은 열심히 새로운 제품을 꺼내더
니 바꾸라고 성화였다.

휴대폰을 별로 쓰지 않는 나는 이 제안을 도저히 납득할
수 없었다. 이 튼튼한 전화기, 망가지지도 않았는데 왜 바
꿔야 하는가? 내 완강함에 졌기 때문일까? 점원은 다른 제
안을 했다.

"옆에 일용 잡화 시장에 가면 팔지도 몰라요. 그것은 '산
채판(모조품)'이니까 너무 비싸게 사지는 마세요."

나는 바로 근처에 있는 시장에 가서 싼 가격에 배터리를
샀다. 그것은 본 적도 없는 브랜드 제품이었지만 내 노키
아 휴대폰에 딱 맞았다. 써보니 아무런 문제가 없었다.

이것이 나와 산채판의 첫 만남이었다.

'산채판'이란 진품을 흉내 냈지만 약간 다른 데도 있다
는 점에서 진품에 대한 가품이라고 할 수는 없고, 말하자
면 닮았지만 똑같지는 않게 만든 제품이다. 이 말을 정착
시킨 것은 이런 식으로 만들어진 한 휴대폰이라고 한다.
이름도 없는 작은 회사가 유명 브랜드의 휴대폰과 아주 비
슷하게 자기 전화기를 만들었는데, 질은 결코 좋지 않았지
만 기능을 다 갖춘데다가 싸기까지 해서 큰 인기를 얻었다
는 것이다.

*

　해적판과 달리 산채판은 흉내를 낸 제품의 이름을 그대로 쓰지 않는다. 모델로 한 제품과 외견만 닮은 제품을 나름의 생산법으로 만든다. 그리고 암묵적으로 소비자의 양해도 얻었다. "저희는 좋은 마음으로 저렴한 가격에 판매합니다. 당신도 좋은 마음으로 이 품질을 용서해주십시오."

　중국은 해적판 천국이라는 인식이 있다. 비싸게 팔리는 명품은 좀처럼 해적판을 막을 수 없는 것이 일반적 현상이다. 그래서일까, 산채판이 나타나자마자 여론은 매우 비판적인 시선을 보냈다. 언론계는 여러 논의를 거듭했고 이 희한한 현상 때문에 논자들은 계속 고민하고 있다.

　산채판은 결코 해적판이 아니다. 그것은 법률 위반이냐 아니냐의 아슬아슬한 게임 같은 것으로 여러 사례가 있다. 그러나 해적판이 기성 유명 브랜드의 권리를 훔치는 것인데 반해, 산채판은 오히려 유명 브랜드 제품과 거리를 두고 소비자의 브랜드 선망을 이용해 존립을 꾀하는 방향을 택한다. 휴대폰부터 유명 명품까지 범위를 확대하는 가운데 최근 산채판은 오락 영역에도 침투해 '문화'가 되기까지 했다.

　음력 새해의 전통적인 프로그램 〈춘절만회(春節晚會)〉(일본의 홍백가합전紅白歌戰에 해당하는데 규모가 훨씬 크다)의 산채판이 올해 인터넷상에서 만들어졌다. 여기에 자금을 댄 사람은 IT업계에서 큰돈을 번 보통 서민이며 출연진도 인기 스타가 아니라 여러 일반인이었는데 〈춘절만회〉와 같은 시간대에 인터넷을 통해 방영됐다. 지금까지 섣달그믐의 TV를 독점해온 중국중앙텔레비전(CCTV)의 연말 프로그램의 맞상대가 처음으로 등장한 것이다. 듣자니 대륙 사람뿐 아니라 대만 사람까지 이 산채판 〈춘절만회〉를 즐겼다고 한다. 산채정신은 이제 물질을 벗어나 '문화'로까지 확장된 셈이다.

이렇게 2008년 말 중국사회에서 '산채문화'라는 말은 찬반양론의 소동 속에서 정착했는데, 그 함의가 무엇인지에 대해서는 아직 일치된 견해가 없다. 일반론적으로 보자면 산채문화에는 다음의 특징이 있다고 생각한다. 1) 산채문화는 사회생활에서 여러 권위에 도전하거나, 권위와 대립하는 것이 아니라 권위의 영향력을 이용하면서 권위가 독점해온 영역에 자기 방식으로 진출한다. 2) 산채문화는 여러 권위를 대체하려는 야심도 없고 실력도 없다. 단 권위의 독점상태를 상대화하는 과정을 통해 결과적으로 권위의 절대성을 무너뜨린다. 3) 산채문화는 어디까지나 서민문화라서 서민의 소비가 목적이며 오락과 실용을 중심으로 삼기 때문에 의도적인 정치성이 없다. 4) 산채판의 물질제품은 브랜드문화와 거리가 멀고 편리함과 저렴한 가격으로 자신의 시장을 만든다.

산채판 제품은 품질이 일정하지 않고 경우에 따라서는 해적판이 될 위험이 있다는 이유로 중국인 대다수는 차가운 시선을 던지고 있지만, 이로 인해 이 현상에 내포된 중대한 계기를 못 볼 수도 있다. 예를 들어 아까 말한 배터리를 보자면 산채판 배터리를 생산한 회사는 그런 방식으로 '쓰고 버리기·제품 바꾸기'라는 자본시장의 상식을 무너뜨리고 있으며, 아직 쓸 수 있는 물건을 계속 쓴다는 서민적 생활관습을 보강하고 있다. 여기서 이 두가지 가치관이 충돌하리라는 것은 쉽게 예측할 수 있다.

필요 이상의 제품 갱신은 현대에서 기술 진보의 결과로 간주된다. 그 '진보'를 지탱하는 굵은 기둥 중 하나가 소비자의 제품 교체다. 아직 제품을 사용하는 소비자가 있음에도 생산을 중단해 그 소모품 생산까지도 중지하는 일은 브랜드 측의 중요 전략일 것이며 광고를 통해 '제품 교체'라는 생활양식을 만들어내는 것도 필수 불가결한 전략일 것이다. 그 생활양식을 스스로 용인하지 않더라도 어쩔 수 없이 교체를 강요당하는 사람은 물론 나뿐만이 아니다.

전에 TV에서 본 어떤 장면이 기억난다. 유럽 어느 나라에서 공 대신 휴대폰을 던지는 시합이 열렸다. 산더미 같은 휴대폰이 운동장으로 운반돼 참가자는 모두 즐겁게 그것을 던진다. 그 장면을 보자마자 나는 소박한 의문을 떠

네덜란드의 인기 디자이너 작품인 '황색 오리'는 베이징의 한 공원에서 사람들을 즐겁게 하는 도구가 되고 있다. (사진: 우 샤오리吳曉黎)

올렸다. 저 휴대폰은 모두 고장난 것일까? 지금 그 답을 찾은 것 같다. 그리고 더 나아가 하나의 가설(단순한 가설에 지나지 않지만)도 뇌리에 떠올랐다. 만약 저 나라에도 산채판 배터리가 있었다면 이 시합도 없지 않을까?

　소비로 생산이 유지된다. 거대 브랜드도 중소기업도 시장에 의존한다. 그러나 시장의 경쟁 자체는 결코 공평하지 않다. 독점자본이 시장을 좌지우지하는 현 상황에서는 수준 높은 기술은 독점자본만이 활용할 수 있으며, 이를 통해 '명품 소비'나 '제품 교체'라는 욕망이 계속 창출된다. 그런 소비행위는 결코 중소기업에 도움이 되지 않고 지구의 한정된 자원을 감안할 때도 건전하지 않다.

　미국의 서브프라임 위기를 계기로 금융자본의 본질이

폭로되긴 했지만 사람들은 여전히 왜곡된 소비양식을 반성하지 않는다. 일부 중국인은 오히려 경제불황을 기회로 삼아 미국이나 유럽으로 나가 국내에서 파는 수입품보다 훨씬 싼 브랜드 상품을 사모은다고 한다.

*

이 와중에 나는 산채문화의 상징적 의미에 보다 주목하고자 한다.

산채문화 측이 독점자본의 세계시스템에 도전한다는 자각이 없음은 물론이다. 지금 이 새로운 움직임에는 단지 '풀뿌리' 문화로서 자기 의식을 확립해 보다 양질의 것을 만들어 해적판과 명확히 구분되려는 노력이 기대된다. 기존의 대자본 틈새에서 브랜드문화와 무관한 형태로 산채문화는 하나의 서민적 현대정신을 지탱하는지도 모르겠다. 불량 제품이나 해적판이 될지도 모르는 위험성에 노출되면서도 산채판은 해적판보다 훨씬 건전한 가능성을 내포한다.

물질과 문화 모두를 소수 집단이 독점·통제하는 오늘날 세계에서, 소비가 목적인 서민의 산채문화는 세상의 대부분을 점하는 보통 사람들 사이에서 하나의 가치관을 키우고 있다. 독점된 것을 자기 나름의 모습으로 나누어 가지는

것이다. 매우 어렵겠지만 이런 정신이 더 성장한다면 아마
도 서민의 권리의식이나 책임의식에 도달하지 않을까?

그리고 그런 의식은 자유와 공정이라는 가치관이 점점
희박해져 변질돼가는 현대사회에서 전통적인 양산박의 정
신을 기초로 현대 서민의 정의감각으로 성장해나갈지도
모른다.

3°

내가 사는 단지 근처에 항공기 부품 제조공장이 있다. 정확하게 이 단지 땅은 십수년 전까지 그 공장의 일부였는데, 시장경제에 쫓기다시피 한 끝에 공장 경영진이 공장을 축소해 땅의 일부 사용권을 주택회사에 양도했고, 그곳에 세운 건물에서 나온 수입으로 공장 경영을 보조한다고 한다.

23층에 있는 우리 집 창문으로는 이 공장의 일부밖에 볼 수 없다. 나무와 다른 건물에 막혀 시야가 닿는 범위에는 사무동으로 보이는 조용한 건물과 농구 코트밖에 없다. 때로는 젊은이들이 활기차게 농구를 즐긴다. 이 단지에 산 지 9년이나 됐는데 최근 왠지 모르게 공장을 보고 싶다는 생각이 들어 몇번이나 가까이 갔으나 입구에는 수위가 지키고 서 있고 종업원들은 신분증을 보여야 들어갈 수 있는 듯해 나 같은 외부인이 들어갈 수는 없었다.

시장경제화에 맞춰 관리시스템을 바꾼 탓일 것이다. 이전 국영기업 때는 항공공업부에 속해 있었을 터이나 지금은 법인화됐다. 이런 종류 공장의 전형적인 변화다.

*

작년(2008년) 가을 자 장커(賈樟柯) 감독의 〈24시티〉(원제: 二十四城記)라는 영화를 봤다. 위에서 말한 공장과 비슷한 국영시대 공장을 다룬 점에 친근감을 느꼈다.

〈24시티〉는 다큐멘터리풍 영화다. 출연진 중 절반은 실제 일하는 사람이며 나머지 절반은 배우이지만 전체적으로 다큐멘터리 기법으로 만들었다. 쓰촨성의 한 군사공장의 역사적 변천을 담아낸 영화다. 우리 집 옆 공장과 마찬가지로 군용기 부품을 생산하는 그 공장도 시장경제화 이래 경영이 어려워져 공장을 극한까지 축소해 땅 대부분을 아파트 단지로 만들었다. 그 단지의 이름이 '24시티'다.

자 장커 감독은 이 영화에 등장하는 노동자의 정신세계를 표현하고자 했다. 이 공장은 문화대혁명(문혁) 중 동북부에서 내륙의 쓰촨성으로 이전했다. 그 세대 노동자들은 '국가'를 위해 모든 것을 바쳐 일했고 자기 생활이나 가족의 안녕보다도 공장 일을 우선시했다. 배로 이동하는 도중 한 노동자 부부의 어린 아이가 정박지에 내렸는데 길을 잃어버려 배에 돌아오지 못한 일이 있었다. 배가 움직이려 할 때 비로소 그 사실을 안 부부는 '사적인' 일로 공장 이전을 방해해서는 안 된다고 자기를 타이르며 행방불명된 아이를 미지의 땅에 남겨둔 채 다른 사람들과 함께 쓰촨성으로 계속 이동했다. 그 결과 이 부부는 아이의 생사 여부를 알지 못한 채 생애를 견디며 보냈다.

이 에피소드는 지금의 일본인은 물론 우리 세대 이후의 중국인도 절대 이해할 수 없을 것이다. 그러나 현실적으로 있을 수 없다고 생각되는 이 극단적 사례도 마오 시대를 산 세대에게는 논리적으로 결코 이상한 일이 아니었다. 왜냐하면 그들에게 국가이익을 상징하는 '공(公)'은 자기가 봉사할 대상으로 외부에 있는 것이 아니라 자기 내부에 살아 있는 자기 인생의 목표 자체였기 때문이다. 근대화의 조건이 열악했던 중국은 이러한 '공' 세계관으로 문혁 중에도 중공업이나 군사공업의 기초를 닦을 수 있었다.

그럼에도 마오 시대의 노동자는 자기가 국가의 주인공이라는 이념을 껴안고 헌신적으로 일했다는 직선적인 이해는 그 시대의 복잡한 사회동향을 너무 단순화한 감이 없지 않다. 사실 공산주의 이데올로기를 마음으로 신봉한 시대에도 개인과 국가의 관계 등을 비판적으로 사유해 '무사

영화 〈24시티〉의 한 장면. 노동자가 출근하는 모습이다.

(無私)'라는 도덕기준을 의문시하는 사회 사조가 없지는
않았다. 또한 무사라는 범주의 중심도 결코 한가지 형태는
아니었다. 그러나 저 한 세대의 노동자들이 속해 있던 무
사의 시대적 분위기는 결코 위선이라는 한 단어로 정리될
수 있는 성질이 아니다. 이 시대에는 노동자의 자존심이
사회적으로 구축돼 있었다. 그중에서도 무사라는 가치관
이야말로 개인적 긍지로 정착돼 있었다. 게다가 이 긍지는
실제 사회적 지위와는 거의 관계 없이, 오히려 완전히 정
신적이라는 사실이 주요한 특징이었다. 노동자가 계급으
로서 국가정치나 일상정치로 참가할 수 있었던 특수한 시
대(문혁이 그 정점이었을 것이다)에도 그랬다.

〈24시티〉는 마오 시대 노동자들의 이런 긍지가 시대의 추이에 따라 어떻게 변질됐는가를 표현하는 데 어느 정도 성공했다. 이 공장은 시장화가 진전됨에 따라 정리해고를 해야 할 처지에 놓였고 결국 '외자(外資)'를 도입함으로써 '외자 기업'으로 변신했다. 그렇게 노동자의 실업이나 관리시스템 변화는 '무사'라는 공간을 완전히 분쇄해버렸다. 여기서 '긍지의 변질'이라는 프로세스가 문혁 중에 미성년이었던 다음 세대 사람들 안에서 발생한다. 이 세대는 이전 세대로부터 노동자의 긍지를 계승하면서 그 안에 여전히 심리적 특권성을 유지하려 한다. 그러나 사실 이 특권성은 이미 상실됐으며, 따라서 그것은 하나의 미련 이상도 이하도 아니다. 영화에 등장한 한 사무관리 샐러리맨은 아버지 세대부터 이 공장에서 생활해왔다. 어린 시절부터 '공장 아이' 속에서 자랐고 공장 바깥 아이들의 선망이나 질시의 대상이었다. 하지만 문혁이 끝나고 현장 작업에 배치된 그는 공장 일에 장래성이 없다는 이유로 여자친구에게 버림받았다. 이 샐러리맨보다 더 젊은 세대에게는 심리적 특권성은 물론 미련 따위도 전혀 없다. 정년퇴직한 한 공장관리자의 딸은 이 단지에 집을 사서 부모를 부양하려 하지만 그 돈을 벌기 위해 아무렇지 않게 공장을 버리고 장사를 하러 떠난다.

이 영화는 결코 깊은 통찰력의 산물이 아니다. 표현된 이미지는 거의 관념적으로 연역된 것이다. 그러나 영화를 봤을 때 나는 깊은 감명을 느꼈고 그 여운은 집에 와서도 남았다.

*

내가 살고 있는 단지에는 공공 공간이 적다. 주륜장(駐輪場, 자전거를 세워두는 곳)은 좁은 지하실에 있고 유료로 관리인이 관리한다. 지금까지 농촌에서 돈벌이를 위해 베이징에 온 농민이 관리인이었고, 그들은 주륜장 입구의 좁은 방 하나를 관리인실로 삼아 온 가족이 생활한다. 지하실에는 지상으로 나 있는 창문이 없다. 유일한 창문은 출입구 통로를 향해 있기 때문에 통로를 지나는 사람은 이 '집'의 풍경을 전부 볼 수 있다. 이렇게 사생활이 없는 어두운 환경에서 오래 생활할 수 있는 사람이 있을 리 없지만, 자전거 관리로 수입을 얻을 수 있고 게다가 집세가 공짜라는 이점도 있어서 이 주륜장 관리인을 구하지 못한 때는 없었다.

작년 가을, 자전거를 맡기는 수수료를 내러 갔을 때 새 관리인과 만났다. 40대 후반이나 50대 초반 정도 되는 여성으로, 정갈한 생김새가 젊었을 때 미인이었을 것 같았지만 한쪽 다리가 불편해 걸을 때 균형을 잡지 못했다. 그런 그녀가 창문을 열고 살갑게 응대해줬다. 수수료를 내려 하니 놀랍게도 기존의 2/3 가격이 된 데다 바퀴에 바람을 넣을 때 요금도 공짜가 됐다.

"왜 내린 거죠?"라고 물었다.

"우리는 단지 관리회사에 속해 있어서 그렇게 비싸게 받을 수는 없어요"라며 미소를 지었다. 그뒤 그녀의 인생 이야기까지 들을 수 있었다.

그녀와 남편은 십수년 전까지 둥베이(東北)지방에 있는 한 군사공장의 노동자였다. 시장화된 이후 그 공장도 민영화돼 제품도 일반적인 생활용품으로 변했다. 부부는 정리해고가 시작되자 과감하게 일을 그만두고 어린 아이를 고향에 놔둔 채 베이징에서 새로운 일을 찾기 시작했다. 그 결과 남편은 지금 단지의 관리회사에 정직원으로 채용돼 수도나 전기 등의 고장 수리를 담당하고 그녀는 자전거 관리인이 된 것이다.

"우리 같은 정규 노동자에게 이런 건 일이라고 할 수 없어요." 그녀는 다소 욕구불만인 것처럼 중얼거렸다. 그녀의 남편은 관리회사에서 일한 지 10년이며, 기술적으로는 일인자라고 한다.

하지만 십년 동안 어린 자식도 성인이 됐다. 외동아들은 부모와 떨어진 탓일까 진학이 뜻대로 안 돼 대학진학에도 실패했다. 그 아들을 베이징으로 불러 어떻게든 교육 조건을 갖췄다. 그리하여 아들은 작년에 기술학교를 졸업해 컴퓨터 가게를 냈다. 올해 처음으로 수입을 얻었는데 액수가 아버지보다 월등히 많다고 한다.

그녀는 한숨을 쉬면서 말했다.

"설마 이런 생활을 할 줄은 몰랐어요. 하지만 열심히 사는 수밖에요."

둥베이지방에 있을 때 그녀는 한 농민의 트럭에 치여 중상을 입었다. 대가족인데도 모든 식구가 한 이불을 덮고 잘 정도로 그 농민이 가난했던 탓에 그녀는 법에 호소하기를 단념하고 자비로 치료했다. 불편한 다리가 틀림없이 재취업에 불이익을 주고 있지만 그녀는 전혀 후회하는 기색이 없다.

그녀의 이야기가 〈24시티〉를 연상시켰기 때문에 영화를 봤을 때 무엇에 감동을 받았는지 깨달을 수 있었다. 몇십 년이라는 시간은 역사에서 단 한순간에 지나지 않지만 인간에게는 거의 한평생이다. 중국 노동자는 역사의 변동에 휘둘리면서도 완강한 생명력을 단련시켜왔다. 그들은 존엄이 무엇인지를 가장 잘 알고 있는 인종이다.

4°

농민의
얼굴
2009. 10

우리 집 인테리어를 담당한 업자는 진정한 농민이었다.

10년 전 대출을 받아 집을 샀을 때 아직 반만 완성된 상태였다고 할까, 말하자면 소프트웨어 없이 하드웨어만 있는 상태였다. 수도·전기는 들어와 있지만 세간은 아무것도 없었고, 마루와 벽도 콘크리트가 그대로 드러나 있었다. 당시로서는 당연한 일이었다.

이런 일은 개혁개방 이후 중국의 특수한 상황에 기인한다. 당시 부자가 된 일부 사람들은 인테리어가 완성된 별장이나 아파트를 산 뒤 원래 인테리어를 다 부수고 호화롭게 리폼했다고 한다. 그런 사례가 늘어나자 건축회사는 비용을 줄이기 위해 처음부터 인테리어 없는 하드웨어를 팔게 된 것이다.

이런 상황은 지금도 있지만 집을 사는 대부분의 사람에게 이보다 불편한 일은 없을 것이다. 나도 결국 그 피해자가 돼 내 손으로 인테리어 업자를 찾아야만 했다.

당시 인테리어 업체는 내장 공사를 감독하는 전문 업자를 지칭했다. 그들은 손님의 주문에 따라 설계도를 만들어 노동자를 고용해서 공사를 시행했다. 노동자는 모두 시골에서 온 농민들이었다. 도시의 프로 건축노동자는 국가의 건축 사업에 투입되지 일반 주택의 인테리어 따위를 다루지 않는다. 농민공은 농한기에 도시에서 일반 주택 내장 공사 일을 하고 농번기에 고향으로 돌아간다.

하지만 금전 면에서 풍족하지 않았던 나는 인테리어 문제가 정말 힘들었다. 인테리어 업체를 통해 내장을 의뢰하면 실제 비용의 배를 내야 하기 때문이었다. 인테리어 업체의 진정한 역할은 '신용'을 보증하는 일이었다. 돈 벌러온 농민은 고향에 돌아가면 내장 공사 후에 생긴 문제에는 더이상 책임을 지지 않는다. 인테리어 업체가 대신 그 책임을 지기 때문에 그만큼의 보증 수수료를 받는다는 논리였다.

*

어떻게든 신용할 수 있는, 즉 책임을 져줄 수 있는 농민

인테리어 팀을 찾을 수 없을까, 나는 친구들에게 조언을 구했다. 운이 좋아 자택 인테리어를 방금 마친 친구가 있었다. 그녀는 아는 농민에게 직접 부탁해서 싼값으로 인테리어를 부탁했다고 했다.

"제가 하방했을 때 마을 사람들입니다. 그때부터 이어진 우정으로 인테리어가 끝나고 난 다음에도 일이 있으면 와준답니다."

'하방(下放)'이란 문혁 후기에 도시의 고등학교를 졸업한 젊은이들이 대학에 가는 대신 농촌에 보내져 농업생산에 종사했던 일을 말한다. 나도 경험한 바 있다. 우리 같은 도시 청년들은 농촌에서 농민으로부터 밭일을 배워 '재교육'됐는데, 농민과 사이가 돈독해져 도시에 돌아와서도 연락을 끊지 않은 사람이 많다.

아무튼 그렇게 해서 나는 기꺼이 같은 인테리어 업자에게 부탁했다.

그리하여 찾아온 이들은 소박하고 활기찬 몇몇 젊은이들이었다. 리더는 중년 남성인 자오(趙) 씨였다. 듣자하니 이 팀은 모두 자오 씨의 친척이라고 했다.

바로 설계를 개시했다. 자오 씨는 몇권의 상품 안내서를 가져와 그 안에서 좋아하는 이미지를 고르라고 했다. 모두 호화로운 것뿐이었다.

"그런 건 필요 없어요"라는 내 의견을 흘려들으면서 그는 제안했다.

"다이닝 룸에 적어도 미니바 정도는 필요하잖아요?"

지금 유행하는 스타일인 모양이다. 방은 작아도 한쪽에
는 술을 마실 수 있는 공간을 만드는 것이다. 간단하고 작
은 '바'는 대체로 벽에 붙인 테이블과 술을 보관하는 찬장
으로 이뤄져 젊은 커플은 특히 이런 스타일을 선호한다고
했다.

나는 즉각 바를 거부했고 그 대신 다이닝 룸의 벽을 모
두 서가로 해달라고 주문했다. 이번에는 그가 반발했다.
"나는 도서관 인테리어는 싫어요."

그와 다투는 사이 알게 된 것은 이 사람이 가장 잘하는
일이 가구 목공 분야로 '세련된' 것을 만드는 데 만족을 느
끼는 프로 장인이라는 사실이었다. 우여곡절 끝에 타협이
성립했다. 다이닝 룸의 벽에 서가를 만들고 그 대신 부엌
에 바 테이블을 만드는 것으로 합의를 본 것이다.

공사가 시작됐다. 처음 단계에는 나도 공사 진행을 체크
하거나 재료 구입에 의견을 내거나 해서 그들과 함께했으
나 싼값에 여러모로 애써주는 자오 씨를 보며 안심하고 점
점 신경을 거두어 내 일에만 몰두했다. 그러는 사이 일본
에서 열리는 회의에 참가하기 위해 출국하면서 인테리어
는 완전히 이 장인에게 맡겼다.

눈 깜빡할 사이에 한달이 지나 여름방학을 맞이할 무렵 우리 집은 훌륭하게 완성됐다. 서가는 내가 원하는 규모로 만들어졌는데 잘 보니 서가 사이에 책을 꽂기에는 너무 큰 한 단이 끼워져 있었다. 뭐냐고 묻자 자오 씨는 웃으면서 자랑스레 대답했다. "바 테이블은 부엌에 만들었지만 술을 놔두는 곳은 역시 여기밖에 없죠."

자오 씨의 이런 고집에 손을 든 나는 책 사이에 위스키와 와인 병이 있는 광경을 상상하면서 폭소했다.

자오 씨의 솜씨는 훌륭했다. 테이블도 서가도 지금까지 잘 쓰고 있다. 단 그 용도는 자오 씨의 의도대로 되지는 않았다. 위스키를 놔둬야 할 곳에 크기가 큰 사전과 자료 케이스를 놔뒀고 폼 나는 테이블은 조리대가 돼버렸기 때문이다. 지금도 그에게는 미안한 마음이다.

그런데 불만스러운 점도 있다. 전기 배선과 수도 배관 전문이 아니었던 자오 씨는 이 부분 작업을 친척한테 맡겼던 것 같다. 실수가 있었다. 전기 스위치는 표시가 거꾸로 돼서 '켜짐'과 '꺼짐'이 실제와는 반대였던 것이다. 수도도 냉수와 온수 꼭지가 반대였다.

나는 강하게 항의했다. 자오 씨는 놀란 표정으로 내 항의를 들었으나 왜 화내는지 전혀 이해하지 못했다. "쓰는

자오 씨가 만든 술을 놓는 찬장. 나는 다른 용도로 사용하고 있다. (사진: 저자)

데 문제는 없잖아요?"

"쓸 수는 있지만 지금까지 내 습관과 안 맞아요!" 나는 계속 항의했다. 자오 씨는 가볍게 반론을 펼쳤다.

"습관을 바꾸면 되잖아요?"

상식을 뒤집는 논리에 설득된 것일까 아니면 너무 바빠서 싸움을 포기한 것일까, 아무튼 나는 이 결과를 받아들일 수밖에 없었다. 덕분에 지금도 우리 집 전기와 수도는 세계에서 통용되는 사용법과 정반대다.

그후 몇년 동안 자오 씨는 두세번 나타나 점검과 수리를 무료로 해줬다. 그는 기대했던 미니바의 결말을 자기 눈으로 확인하고는 한숨을 내쉬었으나 뭐라고 하지는 않았다.

이렇게 벌어서 외동딸은 대학을 졸업하고 베이징의 한 유명대학 대학원에 진학했다고 한다.

한동안 이 기묘한 내장 공사를 잊고 살았다. 그런데 우연한 계기로 다시 생각나게 된 일이 있었다. 토오꾜오에 잠시 가 있는 동안 아무도 없는 우리 집에 홍콩(香港)에서 베이징을 방문한 친구가 머물렀는데, 그녀가 토오꾜오에 있는 내게 전화를 걸어 뭐라 한 것이다.

"왜 급탕기가 고장나지도 않았는데 온수가 안 나오지?"

그때가 가을이었는데 찬물로 샤워를 한 그녀가 추워서 비명을 지른 것이다.

나는 냉수 온수가 반대인 우리 집 생각이 나서 되물었다.

"혹시 꼭지를 반대로 튼 거 아니야?"

놀란 그녀가 확인해보고는 대답했다.

"내가 반대로 튼 게 아니라 이 집 꼭지가 반대야. 보통 관습에 맞지 않아."

"습관을 바꾸면 되잖아."

자오 씨의 말을 그대로 반복한 것이다. 친구는 크게 웃었다.

"너는 벌써 습관을 바꿨구나."

그렇다. 자오 씨라는 농민은 어느새 나에게 큰 가르침을 준 것인지도 모른다.

＊

중국 농민은 가난한 생활 속에서 자기 나름의 지혜를 길러왔다. 그들에게는 산업공업국가처럼 규범에 따라 일한다는 직업윤리를 가질 조건도 여유도 없었고 그저 열심히 자기 나름의 생활을 영위했을 뿐이다. 구체적인 상황에 맞춰 여러 조건을 이용해 방법을 가리지 않고 어떻게든 자기에게 유리한 결과를 궁리했다. 이렇게 전혀 '정규적이지 않은' 방식이 중국 농민에게는 상식이다. 그 '상식'이 거듭돼 전통으로 축적되면 정식 훈련을 쌓는다고 금세 없어지지는 않을 것이다.

'정규적이지 않다'라는 특징은 중국 농민이 차별받는 가장 일차적인 이유지만 사실 그런 특징의 마이너스 요소와는 별도로 여기에는 아주 창조적인 부분도 있다. 그것은 결코 상황에 맞춘다는 의미의 상황주의가 아니다. 원리 원칙의 위상에서 '습관을 바꾼다'라는 논리로서, 중국 역사가 간직한 커다란 원리다. 아마도 이를 가장 날카롭게 간파한 사람은 마오 쩌둥일 것이다.

"습관을 바꾸면 된다"라는 자오 씨의 논리는 나에게 중국혁명의 원리를 연상시켰다. 중국혁명은 도그마가 아니라 상황 속에서 원칙을 활용한다는 변증법적인 사회운동이었다. 예전에 타께우찌 요시미(竹內好)는 마오 쩌둥의 철

46

학을 '근거지(根據地)철학'이라고 명명했다. 적과 동지의 관계를 유동적으로 파악해 적을 동지로 전화시켜 모든 사물을 상대적으로 취급한다는 발상이다.

1957년 한 좌담회에서 마루야마 마사오(丸山眞男)가 중공(中共)이 언제 국민당(國民黨) 고관을 베이징으로 초대해도 이상하지 않다고 예견했을 때, 그도 이런 상대적인 발상법을 정치학의 각도에서 평가한 것이었다. 어제의 적이 오늘의 동반자가 돼 내일은 동지가 된다는 정치적 변증법을 중국공산당은 혁명의 실천 속에서 창출했기 때문이다.

혁명의 시대는 이미 지났을지 모른다. 그러나 그 정신은 살아 있다. 농민들은 하루하루 생활하면서 그 정신을 살리고 있는 것 아닐까? 들자니 중국 동남부의 농민은 지금 스스로 자금을 모아 독일에서 필요한 부품을 수입해 자기 손으로 배를 만든다고 한다. '습관을 바꾼다'라는 사태는 오늘날 중국 도처에서 여러 형태로 나타나고 있는 셈이다.

습관을 바꾼다. 물론 댓가가 따른다. 사회적으로도 개인적으로도 그럴 것이다. 나는 그런 사회 속에서 태어나 자랐고 생활해왔다. 사상사 연구자로서 결코 마음 편히 살 수만은 없는 이런 사회에 대응할 수 있도록 인식론을 단련하면서 나는 항상 이 사회에 어울리는 윤리성이 무엇일지 생각한다. 그 윤리성도 '습관을 바꾼다'라는 특성을 구비했을 때 비로소 성립할 수 있을 것이다.

역사를
향한 여행
2009. 12

가을, 나는 동료들과 함께 중국 둥베이로 떠났다. 목적
지는 지린성(吉林省)의 지안(集安)과 랴오닝성(遼寧省)의
뤼순(旅順)과 다롄(大連)이었다.

중국 동북부는 역사적으로 여러 민족이 거주해왔고 유
동성이 높은 지역이다. 청조가 지금의 베이징에서 왕조를
수립한 뒤로 그 발상지 둥베이에서는 만주족과 다른 민족
의 융합이 가속화해 다민족의 생활양식이 상호 영향을 주
고받았다. 그럼에도 청조 시대의 조선인은 그 문화의 독자
성을 가능한 한 지키려 했고 한반도와의 끈을 놓지 않고
'조선문화'를 가꾸어왔다. 그 원천이 고구려문화였으며 초
기 유적은 지금도 지안에 남아 있다.

지안은 북한에 인접한 작은 마을이다. 북한을 사이에 두

고 압록강(鴨綠江)이라는 아름다운 강이 흐르고 양안의 산은 푸른 하늘을 배경으로 부드러운 윤곽을 그려낸다. 지안 쪽 산은 단풍이 들기 시작했지만 왠지 북한 측에는 큰 나무가 없어 벌거벗은 상태다. 나중에 들으니 국경의 안전을 위해 나무를 인위적으로 베어냈다고 한다.

지안에 도착한 그날 저녁 우리는 압록강을 보러 나갔다. 현지 사람은 6인승 모터보트로 떠나는 '강 관광 코스'를 조성해놓았다. 강기슭에 많은 모터보트가 대기하고 있었다. 해가 서쪽으로 기울기 시작했다. 강물은 맑고 차가워 보였다. 지안 인근 압록강은 폭이 좁아 헤엄쳐서 반대편 기슭까지 건너갈 수 있을 정도다. 관광 모터보트 뒤편에 단 중국 국기가 없었다면 여기가 국경이라는 사실을 까맣게 잊어버릴 정도였다.

우리를 태운 두척의 모터보트는 물결을 만들면서 빠르게 출발했다. 수면에 다른 배는 보이지 않았다. 멀리 북한의 높은 건물 굴뚝에서 하얀 연기가 한가롭게 흘러나왔다. 모터 소리가 쓸쓸하게 수면을 울리고 주변은 고요했다. 배와 나란히 있는 100미터 남짓 되는 저쪽 기슭은 북한이다. 자전거를 타는 사람이 보인다. 새로 건설된 깨끗한 마을도 있다. 강기슭에서 낚시를 하는 사람도 두세명 있었는데 우리를 조용히 보고는 다시 자기 일에 몰두했다.

몇년 전 남북한 경계에 있는 남한 측 전망대에 오른 적이 있다. 나는 그 전망대의 망원경을 통해 강 건너편으로 상당히 멀리 있는 북한 마을을 봤다. 해설에 의하면 그 마을은 남한에 사회주의의 훌륭함을 보여주기 위해 만든 '모범촌'으로, 번듯한 건물이지만 실제 사람이 살고 있지는 않은 듯 아무도 보이지 않았다.

이 인근 건물은 어떨까? 나는 배 조종사에게 물어봤다. 그는 내 질문을 무시하고 배 진행방향을 가리키며 아까 본 마을보다 풍격을 갖춘 다른 마을 설명을 시작했다. "변경의 마을이지만 4~5층 건물이 즐비하고 규모도 크고 대단하죠?" "모범촌입니까?" 나는 낭황하면서 물었다. 마을 건물이 모두 빌딩인 것은 확실히 드문 일이지만 뭔가 낡아보였다. 건물 베란다에는 세탁물이 널려 있고 사람이 살고 있었다.

"아니 그렇지 않아요. 이곳은 한국전쟁 때 마련된 거점으로 김일성(金日成) 장군도 잠시 살았어요. 봐요, 마을 안쪽에 보이는 커다란 건물은 지금 김일성기념관이죠."

"그러면 모범촌은 없어요?"

"있죠. 아까 본 새 마을이 그렇고. 보세요, 지안 쪽에도 있어요."

조종사는 아무렇지도 않게 양쪽 기슭의 새로운 건물을 가리키며 거의 흥미를 보이지 않았다. 그에게는 '김일성 장군'이 훨씬 매력적인 존재였다.

다음날 아침 지안의 고구려고분이나 성터 유적을 보러 출발했다. 고구려 문제는 2000년 이후 한국과 중국사회가 충돌하는 원인이 되고 있으나 그 덕분에 중국인 대부분은 고구려 문제의 존재를 알았다. 현지에서 들은 이야기인데 1960년대 초반에 중국과 북한은 연합조사 계획을 세워 이 복잡한 역사를 함께 정리하는 작업을 시작했지만 얼마 안 가 중국 문화대혁명으로 중단됐다고 한다. 환도산성(丸都山城)이라는 198년에 건립된 성은 지금도 폐허인 채 관광객을 맞이하고 있는데, 그밖에도 고구려 제19대 왕인 호태왕(광개토대왕, 391~412)을 기념하는 비석 '호태왕비(好太王碑)'와 그 비석을 세운 아들인 제20대 장수왕의 무덤 및 벽화가 남아 있는 귀족의 묘 등은 유명한 관광 명소다. 이들 모두 고구려가 평양으로 천도하기 전, 즉 고구려 전기나 중기 유적이다. 지금의 북한 땅으로 수도를 옮긴 이후부터 당과 신라에 의해 멸망하기까지의 유적은 북한 측에 보존 돼 있을 터다.

고구려 역사에 대해 무지한 나는 '호태왕비'의 큰 규모에 압도당했다. 예전 부산 근처에서 견학한 고분이 생각나 마음속 깊은 곳에서 한민족(조선민족)의 풍부한 창조력에 경외심을 느꼈다. 고대의 여러 왕국 사이에 발생한 잔혹한 싸움은 이미 연기처럼 없어져 남은 것은 인간 상상력의 흔적뿐이다. 이런 역사를 보존하기 위한 공동작업은 언제 재개될 수 있을까?

지안을 떠나기 전 점심을 한 북한 음식점에서 먹었다. 식사 때 조선족 가수가 한국어(조선어) 노래를 부른다고 들었기 때문이다. 식사 도중 치마저고리를 입은 4명의 젊은 여자가 아름다운 목소리로 노래를 부르기 시작했다. 조선족의 노래와 춤은 중국 소수민족 음악 중에서도 유명하며 이 젊은이들의 노래도 힘차고 아름다웠다. 그런데 동료 한 사람이 카메라를 손에 들자 바로 옆에 있던 점원이 제지했다. 이 작은 충돌 때문이었을까, 우리 눈에는 가수들 표정도 미묘하게 굳어 보였다. 몇곡의 한국어 노래 사이에 중국 표준어로 부른 내지 유행가도 섞여 있었다. 표준어는 부정확했지만 멜로디에 익숙한 손님들은 함께 따라 불렀다. 그리고 마지막 한곡은 한국전쟁 시대 중국지원군의 군가였다. 가사는 중국인민이 북한을 지원함으로써 미국에 대항하고 자기 집을 지킨다는 것이었는데, 나는 오랫동안 잊고 지낸 이 노래를 들으면서 어제 압록강에서 본 '김일성 장군'의 마을과 김일성을 존경하는 중국인을 생각했다. 이 마지막 노래는 이전까지의 유행가와 너무나도 동떨어져 당혹스러운 감이 없지 않았지만 아무튼 이 점심의 경험은 기묘한 인상으로 남았다.

한참을 지나서야 확인한 사실이지만 내가 조선족이라고 믿었던 가수들은 사실 북한에서 돈을 벌러 온 북한 여

압록강에서 보이는 북한 측의 마을. 정중앙의 건물은 김일성기념관. (사진: 저자)

성들이었다. 그 음식점 주인도 북한인이었던 모양이다. 둥베이의 조선족 중국인은 이 시기 동남(東南) 연안지역이나 한국 등에 돈을 벌러 가기 때문에 현지 노동력 공백의 일부를 북한인이 메꾸고 있다는 것이다. 북한인 여성들이 어떤 마음으로 중국인들조차 잊어버린 한국전쟁 노래를 부른 것인지 지금도 수수께끼다. 그런데 이보다는 국경에 아직도 살아남아 있는 한국전쟁의 역사가 이 아가씨들의 반듯한 표정 속에 깃들어 있다는 것이 내 나름의 '지안 이미지'였다.

*

　지안에서 하룻밤 걸려 침대차로 랴오닝성 다롄을 경유해 뤼순으로 간다. 뤼순은 청일전쟁과 러일전쟁의 전장이었고 구 만주국의 주요 거점이었다. 중국 근현대사의 일부이지만 이 부분은 중국 근현대사 연구에서 중요하게 취급되지 않았고 현지 자료의 보존이나 이용도 그다지 활발하게 이뤄지지 않았다. 그렇지만 뤼순과 다롄은 각각 역사상 굴욕의 장소임에도 오늘날 역사 관광지가 됐다는 역설적 측면이 있어서 이 역사가 사라지는 일은 없다.

　뤼순에서 '뤼순 러일 감옥 유적 박물관'을 방문했다. 1902년 러시아가 여기에 감옥을 세웠을 때 면적은 3758제곱미터였고 100명 정도를 수용할 계획이었다고 한다. 러일전쟁이 끝나고 나서 이 미완성의 감옥은 일본 관동군에게 점령당했고 1910년부터 대규모 증축을 거쳐 결국 2000명을 구금할 수 있는 2만6천 제곱미터의 대감옥이 건설됐다. 1920년부터 관동청(關東廳)은 감옥 속에 공장을 만들어 수감인에게 강제노동을 시킨다. 이또오 히로부미(伊藤博文)를 암살한 안중근(安重根)도 여기에 감금돼 교수형에 처해졌고 중국 항일연합군의 많은 지사들도 잔혹한 고문 끝에 살해당했다. 관동군은 둥베이를 점령한 뒤 쌀을 먹는 것은 일본인만의 특권으로 정해, 중국 민중은 쌀을 먹었다는 이유만으로 '경제범'으로 잡혀 여기서 강제노동을 강요받았다. 이 감옥에는 일본인도 구금됐지만 전체를 통틀어 말하자면 중국인용 감옥이었다.

감옥 내 공장 중 하나는 지금 박물관의 다목적 홀로 사용되고 있다. 우리는 그 어둡고 음침한 공간 속에서 박물관에서 일하는 연구소 구성원들과 만났다. 연구소를 이끄는 한 사람은 40대 여성 저우(周) 씨였다. 그녀의 아버지는 이 감옥 박물관의 창립 멤버였고 그녀는 어린 시절 감옥 마당에서 놀면서 자랐다. 그래서 선배 동료들은 그녀를 '감옥의 꽃'이라는 애칭으로 불렀다고 한다.

우리는 저우 씨를 따라 감옥을 견학했다. 실물이나 사진을 진열한 전시실 외에 수감인을 감금한 방(그중에는 어둠에 묻힌 지하 독방도 있었다)부터 수감인들이 가혹한 상황에서 강제노동을 한 공장까지, 고문당한 밀실에서 처형대까지, 견학은 숨막히는 분위기 속에서 이어졌다. 비극적인 죽임을 당한 수많은 혼이 떠돌고 있었기 때문일까, 나는 등골이 오싹해졌다.

저우 씨는 역시 감옥의 꽃이었다. 그녀는 묵중한 어조로 설명을 이어갔지만 그 냉철함이 보통이 아니었다. 다음날 그녀는 뤼순 견학에 동행해줬는데, 이때 나는 그 냉철함을 이해할 수 있었다.

뤼순의 역사 유적은 거의 전쟁과 연관돼 있다. 청일전쟁과 러일전쟁의 보루부터, 관동군사령부나 만철(滿鐵, 남만주철도주식회사) 및 관동청의 유적, 청일전쟁 때 일어난 대학살을 증언한 기념관까지, 모두 중국 민중에게는 고통의 기억으로 가득 찬 매개물인 셈이다. 그중에는 이해 불가능한 관광명소도 있다. 예를 들어 러일전쟁에서 전사한 일본 병사를 추모하기 위해 토오고오 헤이하찌로오(東鄕平八郞)와 노기 마레스께(乃木希典)의 발안으로 1907년 6월부터 1909년 11월까지 2년 반여 세월 동안 중국인 장인이나 노동자를 1만명 이상 혹사해 완성한 '표충(表忠)타워'(지금은 백운산白雲山타워로 개명)는 유명한 관광 명소 중 하나다. 이 타워야말로 뤼순커우(旅順口)라는 바다의 요새가 가장 잘 보이는 전망대이기 때문이다.

생각해보면 뤼순감옥은 뤼순의 수많은 역사 유적 중 하나에 지나지 않는다. 그런 역사 환경 속에서 일하고 생활하는 한 이 잔혹한 역사와 더불어 공존하는 일을 피해갈 수 없다. 저우 씨에게는 희망이 하나 있었다. "기회가 있으면 반드시 홋까이도오(北海道)의 아바시리(網走)감옥을 보러 가고 싶다"는 것이다. 아바시리감옥과 뤼순감옥은 닮은 곳이 많기 때문에 양자의 관계를 연구하는 것이 그녀의 희망이다. 감옥을 연구하는 그녀는 이를 위해 지금 일본어를 공부한다고 했다.

*

　다롄은 이번 여행의 종착점이다. 여기에도 역시 이국의 지배가 역사의 흔적으로 보존돼 있어 러시아풍 혹은 일본풍의 주택지, 관공서, 교회, 관동청이나 만철 건물 등이 견학 대상이다. 가장 인상적이었던 것은 중산(中山)광장의 다롄호텔이었다. 이 호텔의 전신은 1914년에 건설된 야마또(大和)호텔로 지금도 옛 모습을 보존하고 있다. 2층에 올라가자 일본풍의 바가 있고 중국인 점원은 일본어 인사로 우리를 맞이했다. 찬장에 진열된 술병에는 거의 일본인 이름이 쓰여 있다. 벽에 걸린 그림도 일본인 취향이었다. 어두운 방 소파에 앉아 커피를 마시고 있는데 젊은 동료 한 사람이 갑자기 "다음에 다롄에 오면 여기 묵읍시다. 이 호텔은 별 세개니 우리도 잘 수 있을 거예요"라고 제안했다.

　나는 바 베란다에 나왔다. 여기서 중산광장 전체가 보인다. 이 광장 대부분은 러일전쟁 이후 지어진 일본 기관의 유럽풍 건물이 둘러싸고 있는데, 그 뒤편으로 지금 유행하는 고층빌딩이 꽉 들어차 있다. 역사와 현재가 이렇게 전혀 균형을 못 잡고 잡다한 풍경을 이루고 있는 것이다. 이 풍경은 현재 중국인의 생활을 상징하는 것일까?

　지안에서 뤼순, 다롄까지 일주일 동안의 여행은 길었다. 2000년을 넘어 두개의 역사 속 농밀한 순간은 국경을 가로 지르는 공간에서 되살아났다. 인간사회의 역사는 예전에도 지금도 전쟁이나 폭력과 뗄 수 없고 이상사회는 한번도 나타난 적이 없다. 우리들 한 사람 한 사람은 이런 역사를 짊어져야만 한다. 북한 여성들에게서 또한 저우 씨에게서 나는 그것을 배웠다.

6°

직항편으로
대만에 가다

2010. 2

첫 대만(臺灣) 방문은 10년 전이었다.

그때 중국 대륙에서 대만으로 가기 위해서는 홍콩을 경유해야만 했다. 아침에 베이징을 출발해 홍콩에 도착한 다음 대만 출장소에 가서 통행증 원본을 받아야 했다. 공항에서 몇시간씩이나 기다려 저녁이 다 돼서야 대만행 비행기에 탈 수 있었다. 타이베이(臺北)의 타오위안(桃園)공항에 착륙할 때는 이미 어두울 때다. 하루 온종일이 걸리는 여행이었던 셈이다.

아마 첫번째 대만 여행에서는 타이베이역에 인접한 호텔에서 묵었던 것으로 기억한다. 다음 날 아침 창문에서 '타이베이역'이라는 예서체 한자를 보고 마치 먼 세계에 온 듯한 낯선 감각을 느꼈다.

대륙 중국인에게 대만은 오랫동안 물리적으로 가깝지만 먼 존재였다.

　그후 몇번이나 이 번거로운 코스로 대만을 방문했지만 이 번거로움이 나와 대만 사람 사이의 우정을 방해하는 일은 없었다.

*

　작년 11월 하순 나는 2년 반 만에 타이베이에 갔다. 처음으로 직항편을 통해 갔는데 겨우 2시간 50분 만에 타오위안공항에 내렸다. 기내는 거의 만원이었고 반은 대륙인 관광객이었다. 직항편은 2년 전에 생겼는데 처음에는 특정 대만인 승객만이 탈 수 있었고 일주일에 몇편밖에 없었다. 그러던 것이 어느덧 대륙의 많은 도시와 대만 사이에 매일 직항편이 다니게 됐고 대만은 어느새 가까워져 있었다.

　타오위안공항에서는 마중 나온 택시기사가 기다리고 있었다. 차에 타자 그는 바로 대륙의 대학입시제도 등을 물어왔다. 대륙에 있는 친척을 위해 예비지식을 모으는 중이었다. "대륙도 대만도 자식의 진학이 큰일"이라고 그는 말했다.

　나는 대만에서 몇가지 이벤트에 참가할 예정이었다. 그 중에서도 가장 중요한 것은 『대만사회연구(臺灣社會研究)』

라는 잡지 단체와의 의견 교환이었다. 그들은 작년에 '분단체제를 초극하라'라는 특집을 꾸며 한국의 백낙청(白樂晴)씨가 제기한 '분단체제초극론(分斷體制超克論)'을 참조하면서 이른바 '사상양안(思想兩岸)'이라는 지적 입장을 가꾸어가자고 제안해왔다. 현실적으로 꽉 막힌 '통일이냐 독립이냐'라는 틀을 돌파해 양안 지식인 사이에 공동 인식의 장을 만들자는 것이었다. 반세기 이상에 걸친 대만 정체성 문제는 '통일/독립' '남(藍, 국민당)/녹(綠, 민진당民進黨)' '본성인(本省人)/외성인(外省人)' 등 이원대립으로 찢겨, 깊은 상처가 아물지 않았다. 이 특집은 『대만사회연구』 동인 안에서도 논란을 일으켰다. 그리고 이 분열에 대해 대륙 연구자는 거의 반응할 수 없었다. '사상양안' 수립은 깊은 상처를 무시한 채로는 생명력이 없다는 사실과, 또한 대륙 지식계는 대만 사회 및 사상계의 이런 심각한 대립을 상처로 받아들일 준비가 거의 안 돼 있다는 사실을 명백히 알게된 계기였다. 직항편이 생긴 이후로 대부분의 대륙인은 "양안 문제는 거의 해결됐다"라는 안일한 생각을 가진 듯하다. 그런 사회심리는 대륙에서 바라보는 대만 문제에 대한 위상과 대만 사람들의 생각 사이에 커다란 차이가 존재한다는 사실을 암시한다. 대륙에서 주목하는 대만 문제는 중국인의 정체성과는 전혀 관계없는 일이다. 중국이 직면하고 있는 문제 중 하나에 지나지 않기 때문이다. 나 같은 대륙인은 그런 차이를 직시하면서 어떻게 사상양안이라는 대만인의 제안을 받아들여야 할까?

*

그런 고민을 안고 심포지엄 사이사이에 대만 남부와 북부의 여러 지역을 방문해 사상양안이라는 테제와는 무관한 사회활동가들과 직접 이야기할 기회를 가졌다.

남부의 메이농진(美濃鎭)은 하카(客家)인이 많이 사는 지역인데 1992년부터 '댐 건설 반대운동'으로 유명해졌다. '애향협진회(愛鄕協進會)'라는 활동가 단체는 광범위한 민중을 동원해 진 차원의 투쟁을 전개해 댐 개발계획을 멈추는 성과를 거뒀다. 그러나 재개 위험성이 없어지지는 않아서 현재 애향협진회 회원은 다른 운동 단체와 손을 맞잡고 보다 굵은 축으로 반대운동을 지속하고 있다.

메이농과 같은 가오슝현(高雄縣)에 속하는 치산진(旗山鎭)에서 우리는 야간대학(대만인은 '서취(社區, 커뮤니티)대학'이라 부른다)의 교사 어 란메이(阿蘭妹)를 방문했다. 그녀는 애향협진회 회원으로 지금은 서취대학의 주요인물이다. 타이베이 출신인 그녀는 인류학 전공으로 남부에서 현지연구를 하는 동안 현지 운동에 참여해 이 지역에 남기로 결심했다. 지금은 두 아이의 엄마가 됐지만 열정적으로 성인

교육에 관여해 교육프로젝트 편성에서 교사 선발까지 충실한 시민교육을 추진하고 있다. 서취대학 학생은 여성이 많고 수업은 교양과 실용이 중심이다. 그러나 사회운동가들은 '교양'과 '실용'이 공민이 가져야 하는 자주성의 기반이 된다고 생각한다.

어 란메이에 의하면 메이농 근처의 사회운동가는 대부분 대학교육을 받고 귀향한 지식청년이거나 그녀처럼 뜻 있는 외부 출신이다. 이런 인텔리는 어떤 의미에서 50년대 일본 서클운동의 '운동가'와 비슷할지도 모르겠다. 흥미로운 점은 이들 활동가들이 대만의 수많은 대학과 협력관계를 맺고 있다는 사실이다. 그들은 때때로 대학으로 돌아가 '충전한다'. 예를 들어 나를 안내해준 자오퉁(交通)대학의 조수도 운동 경력 6년의 활동가였는데 운동의 방향을 고민하기 위해 대학으로 돌아갔다. 그녀가 여행 중 계속 나에게 한 질문은 이론과 실천의 관계에 대한 것이었다.

어 란메이의 '귀향'과는 정반대 조류도 있다. 시골 젊은이가 고향을 떠나 도시로 가는 흐름이다. 농촌 과소화라는 상황 속에서 뜻을 품고 귀향한 젊은이들은 할머니들에게 질문을 받는다. "언제 도시로 돌아가느냐"라고. 메이농 농촌현장학회〔美濃農村田野學會〕를 만든 귀향청년 원 중량(溫仲良) 씨에게 질문했다.

"저렇게 농촌을 떠나는 젊은이가 많은데, 일부러 돌아온

대만 남부 부눙족(布農族)의 전통음악 '바부허인(八部合音)'.

다는 것이 실제로 가치가 있는지 의심한 적은 없나요?"

그는 웃으면서 담담하게 말했다. "없습니다. 처음부터 알고 있었던 일이니까요. 나는 이 메이농에서 인생을 보내고 싶을 뿐입니다."

가오슝현의 차오터우진(橋頭鎭)에서 중량 씨처럼 고향에서 인생을 보내고 싶다는 젊은이들과 만났다. 예술가인 그들은 일본 식민지 시대에 만들어진 대만 최초의 제당공장의 폐허에서 '바이우(白屋, 흰 건물)'라는 예술센터를 운영하고 있었다. 그들은 여기서 여러 지역의 전통 예술을 부활시키면서 글로벌화된 세계에서 보다 건전한 삶의 방식을 모색하고 있다. 바이우는 그들의 활동거점이며 정기적인 이벤트가 열리는 것 외에도 평일에는 시민에게 개방된다. 시민은 표류목(漂流木)과 조개껍데기로 만든 건물이나 마당을 함께 즐긴다.

바이우에서 한 조각가가 손수 요리한 산채(山菜)라면(이 산채는 그가 들에서 따온 신선한 것으로 아주 맛있었다)을 먹으면서 그들의 이야기를 들었다.

가오슝현에는 최근 철도가 여기저기 부설돼 교통 현대화가 완성되고 있다. 그들은 식민지 시대의 역사도 역사로서 후대에 남겨야만 하는데 현대화로 인해 역사가 말살되는 일을 절대로 용납할 수 없다고 했다.

우리는 옛날 제당공장 부지 안으로 들어갔다. 지금 설탕은 수입품으로 대만 제당업은 거의 붕괴했고 이 공장도 전혀 가동되지 않는다. 부지 안에는 관음상이 있었다. 예전 격렬한 저항에 직면한 일본인 식민지배자들이 관음상에 빌어 안전을 보전하려 했던 것일까?

석양은 부드럽게 관음상이나 건물을 비췄고 흰 건물(白屋)은 고요히 빛났다. 잔혹한 역사를 결코 잊지 않으려는 젊은 세대 대만 예술가들은 자기들 방식으로 평화로 향하는 길을 찾고 있다.

산채를 요리해준 조각가는 웅대한 계획을 세우고 있었다. 인간이 전혀 돈을 쓰지 않고 자연 소재만을 사용해 살

수 있는지를 모색하고 있는 것이다.

"TV에서 때때로 이런 프로그램을 하잖아요"라고 나는 형편없는 말을 입에 담았다.

"그런 일시적인 화제 만들기가 아니에요. 이것은 삶의 방식입니다. 저는 이것으로 인간의 탐욕에 도전하고 싶어요"라고 그는 당당히 반론했다.

그래 인간의 탐욕! 이것이야 말로 현대 전쟁의 근원이지 않은가.

*

그뒤 남부에서 단번에 북상해 타이베이에 가까운 루디 (蘆荻)서취대학을 견학했다. 치산진의 서취대학과 마찬가지로 이 대학도 아직 정규교육체제 바깥에 있다. 비용은 민간인이 염출하거나, 구성원이 프로그램을 만들어 정부에 정기적으로 신청하는 방식 등으로 충당하는데 어느 쪽도 확실히 확보된 예산은 아니다. 남부의 풍경과 달리 북부의 서취대학은 보다 정치적이다. 여기는 노동자운동의 거점이기도 하다. 우리는 여기서 루디서취대학의 영화수업에서 촬영된 노동자 '추투(秋鬪, 가을에 이뤄지는 임금협상 투쟁)'를 다룬 다큐멘터리 영화를 보았다. 그뒤 몇 사람의 젊은 활동가가 18번에 걸친 추투에서 길어 올린 정치이념을 설명해줬다. 그들은 '불통불독, 불람불록(不統不獨 不藍不綠, 통일도 독립도 아니고 국민당도 민진당도 아니다)'이라는 제3의 입장을 선언한다. 또 '만(慢)정치'라는 개념을 내세워 인텔리의 관념성을 넘어 민중정치의 길을 '천천히(=만)' 걸어간다.

루디서취대학 학생의 수제 케이크를 먹으면서 우리는 긴 시간 대만과 대륙의 민중생활 및 민중운동 등에 대해 '천천히' 논의했다. 어느새 나는 대만에 있다는 사실을 잊었다. 그때 최근 알게 된 오끼나와(沖繩) 출신 활동가의 이야기가 문득 생각났다.

"나에게는 현재 서민이 어떤 생활을 하고 있는가, 그 안에서 어떤 의식을 길러내는가가 최대의 과제입니다."

*

대만을 떠나기 전날, 나는 '오끼나와의 경험을 어떻게 원리화할 것인가'라는 테마로 강연했다. 그리고 민중적 관점이란 무엇인가를 포함해 '사상양안'의 기반을 탐구하자고 대만의 친구들에게 제안했다.

작은 당나귀
시민농원
2010. 4

중국 신농촌 건설운동의 일인자인 원 톄쥔(溫鐵軍) 씨는
예전에 북한을 방문한 적이 있다. 아마 당시 북한은 소련
붕괴로 인해 그때까지 받았던 원조를 못 받게 된 상황이었
다. 그래서 농업 기계화를 유지할 수 없었는데, 기계화에
익숙해진 북한 농민들은 이미 폐지된 전통농업 생산양식
으로 되돌아갈 수도 없는 처지였다. 결국 쌀 생산 부족으
로 북한은 기아에 허덕이게 됐고 국제사회로부터 '인권 문
제'로 비난받게 된다. 원 씨의 방문은 그로부터 어느 정도
시간이 지난 뒤의 일이었다. 그는 자기 눈으로 북한 '근대'
의 딜레마를 확인하고 한 나라의 근대화는 자력으로 일궈
내야 함을 통감했다고 한다.

원 씨는 북한에서 돌아온 뒤 아내를 설득해 당나귀를 한

마리 샀다. 그 당나귀를 당시 허베이(河北)에 있던 향촌건설학원에서 농사일에 부렸다.

향촌건설학원은 원 씨가 농촌개혁운동을 손수 실험하는 거점이었다. 회원은 전국에서 모인 젊은 자원봉사자로, 그들은 폐교된 마을 초등학교(小學校)를 이용해 자기들 손으로 생활 현장을 운영하고 유기농업을 실험하고 있었다. 전국에서 참가자를 모집해 매년 농민을 위한 강습회를 개최하는데 농촌개혁의 기본이념, 합작사(농협과 유사) 같은 조직의 기능, 유기농업 기술 등 여러 강의와 토론이 열렸다.

당나귀는 젊은 자원봉사자들은 물론 전국에서 모인 유능한 농민들이 보기에도 다소 이색적인 존재였다. 지금 중국 농촌에서 도시화·기계화는 동경의 대상이지만 당나귀는 오히려 '뒤처진 전통농업'의 상징 그 자체로 간주되기 십상이기 때문이다.

그후 향촌건설학원은 해산됐지만 젊은 자원봉사자들은 대학원에 진학하거나 다른 NGO에 참가하는 등 다른 형태로 농업과 농촌 연구 혹은 지원을 이어가고 있다. 당나귀는 그대로 허베이의 농촌에 남겨져 현지 농민이 부린다고 한다.

나도 그 당나귀를 잊고 지냈다. 그런데 우연한 계기로 본 적도 없는 그 당나귀 이미지가 선명하게 뇌리에 떠올랐다.

*

　작년 베이징 근교에 '작은 당나귀〔小驢馬, 샤오뤼마〕 시
민농원'이라는 농장이 생겼다. 농장을 운영하는 것은 향촌
건설학원 젊은이들로, 이들은 예전에 당나귀를 산 원 씨를
놀렸는데 지금은 자신들이 농장 자체를 '당나귀'로 명명
한 것이다.

　이 시민농원은 원 씨가 주장한 '농업과 제휴하는 시민
운동'의 실천 장이다. 1960년대 일본에서 생긴 '제휴농업'
이나 그후 미국에서 널리 퍼진 CSA(Community Supported
Agriculture)가 모델이다. 듣기로는 1965년 전후 일본에서
는 가정주부를 중심으로 도시 주민과 유기농업 생산자 사
이의 제휴가 있었다고 한다. 농약이나 화학비료 등으로 인
한 오염을 줄이고 현지 농업을 지켜낸다는 목적으로 제휴
농업이라는 양식이 생겨났다. 제휴농업의 진수는 도시 소
비자가 유기농업 생산자와 직접 계약을 맺음으로써 생산
자를 시장경쟁에서 지키고 안전성 높은 농산물 생산을 돕
는 것이다.

　그렇지만 오늘날 중국에서 유기농업은 소비자에게 여
러가지 부담을 준다.

　우선 가격이다. 보통 마트에서 파는 것보다 비싸다. 그
차이를 소비자가 부담해야 한다. 이것만이 아니다. 예를

농원의 상징인 작은 당나귀. (사진: 저자)

들자면 오늘날 도시 소비자 사이에는 제철이 아닌 과일이
나 채소를 먹는 습관이 이미 정착해 있다. 온실재배를 통
한 생산양식이 확립돼 언제나 여러 과일이나 채소를 간단
하게 먹을 수 있게 됐다. 온실재배는 계절이라는 자연 리
듬을 거스르기 때문에 어쩔 수 없이 인공 수단에 기대야만
한다. 농약이나 화학비료를 전혀 쓰지 않는 온실재배는 기
본적으로 무리다. 유기농업은 농약이나 화학비료를 일체
쓰지 않도록 노력하기 때문에 제철이 아닌 채소나 과일을
생산할 수 없다. 겨울에 딸기나 토마토를, 여름에 무를 먹
는 소비자의 습관과 충돌하는 셈이다.

게다가 유기재배 농산물의 겉모습도 문제다. 깨끗하고 크기도 일정한 채소와 과일에 익숙한 소비자가 크기도 들쑥날쑥하고 때로는 벌레 먹은 자국이 있는 과일이나 채소를 아무렇지 않게 사기란 쉽지 않다.

더 어려운 점도 있다. 유기농업은 온실재배보다 자연력에 의존하는데, 오늘날 '자연'은 온실효과 등 사람에 의한 환경변화로 리듬이 흐트러져 있어 가뭄이나 호우가 일상다반사가 됐다. 해충을 비롯한 갖가지 재해가 발생하기 때문에 잘 대처하지 않으면 일년 농사가 말짱 헛것이 될 수도 있다. 소비자가 그 손실을 함께 부담하도록 요구받을 수도 있는 것이다.

*

작은 당나귀 시민농원은 적어도 이런 어려움을 각오하고 시작한 일이다. 베이징 서쪽의 펑황링(鳳凰嶺)이라는 산기슭의 오염이 적은 토지를 현지 정부의 지원으로 빌려 유기농법으로 개간한 뒤 젊은이들이 농원을 시작했다.

작년인 2009년 봄이었다.

이 농원은 우선 소비자를 모집했다. 소비자도 두 부류로 나뉜다. 첫번째 부류는 그저 농원 작물을 소비할 뿐이다. 그들은 봄에 돈을 일괄지불해 6월부터 10월까지 농장에서 수확한 채소를 주에 한번 총 20번에 걸쳐 받게 된다(단 종류별 주문 등은 할 수 없다). 다른 한 부류는 농장에서 땅을 빌려 기술을 배워가며 자기 손으로 채소를 재배하는 소비자다. 이 두 부류의 소비자는 모두 흉작 등의 재난도 각오해야 한다. 만일 이상기후로 흉작이 돼도 지불한 돈이나 노력을 보상받을 수는 없다.

작년은 풍작도 흉작도 아니라 보통이었다고 한다. 첫번째 부류의 소비자는 매주 토요일 배달된 상자에 어떤 채소가 들어 있는지 기대하면서 농원의 성과를 맛보았다. 그 중에서는 '토마토가 필요하다'거나 '청경채는 필요없다'라는 식의 주문을 하는 사람도 있었지만 배달은 순조로웠다고 한다. 두번째 부류의 소비자는 교외에서 밭일하며 주말을 보내고 처음으로 자기 손으로 식재료를 재배했다. 그 중에는 경험부족으로 가지를 너무 많이 생산해버린 사람도 있었는데 친구에게 주거나 보존식을 만들어 번거로움과 즐거움을 동시에 맛보았다고 한다.

작은 당나귀 시민농원은 토지가 제한돼 있기 때문에 규모가 작다. 두 부류의 소비자는 합해도 50세대 정도다. 그들은 금전면에서 결코 이득을 본다고 할 수는 없지만 1년 지난 뒤 모든 회원이 계약을 연장하겠다고 했을 뿐 아니라 새로 참가하겠다는 사람도 쇄도했다고 한다.

*

올해 첫날, 큰 눈이 내린 뒤였다. 원 톄쥔 씨가 원장을 맡고 있는 중궈런민(中國人民)대학 '농업과 농촌 발전학원'에서 열린 CSA의 총회에 초대돼 참가했다.

이 모임은 구체적으로는 작은 당나귀 시민농원의 총회였지만 참가자의 범위는 훨씬 넓었다. 이미 베이징 근교에서 운영되는 몇개의 유기농업 단지나 다른 성(省)의 유사한 실험단지 책임자를 중심으로, 소비자로서 유기농업을 지지하는 시민 대표, 도시 소비자와 유기농업 생산자를 연결하는 전문회사 직원, 유기농식품을 제공하는 레스토랑의 대표 등도 모였다. 그리고 이 자리에서 유기농업 생산자 연합선언이나 시민농업 CSA연맹 발족 선언이 발표됐다. 흥미로운 일은 여기에 모인 유기농업 생산자 중 절반은 원래 농민이었지만 나머지는 국가기관 간부나 인텔리 일을 그만두고 자연농업에 투신한 '과거의 도시민'이었다는 사실이다.

이 자리에서 나는 한 50대 중반 여성과 만났다. 그녀는 베이징 출신으로 1980년대에 칭화(淸華)대학을 졸업한 뒤 몇년간 베이징에서 일했다. 그뒤 일을 그만두고 문혁 시절에 '하방'했던 산시성(山西省)의 빈곤한 농촌으로 돌아갔다. 그녀가 그 마을에서 한 일은 유기농업으로 환경을 가꾸면서 산에 나무를 심고 도로를 만들어 '유기농업 관광'을 출시하는 일이었다. 지금 그 마을은 도시에서 오는 관광객과 유기농산물 덕분에 빈곤에서 완전히 탈출했다. 그녀는 더 나아가 유기농 포도나 사과로 와인이나 주스를 가공·생산하기 위해 노력 중이라 했다.

이 여성은 완전히 농부의 얼굴이었다. 갈색 뺨에 가는 주름이 있었고 목소리가 크고 경쾌했다. 그녀의 발언을 들으면서 나는 그녀의 인생에 대한 호기심을 거둘 수가 없어 질문을 하고 말았다.

"왜 마을로 돌아갔어요?"

"도시 생활이 뭔가 뒤틀려 있다고 생각하지 않으세요?"라며 그녀는 반문했다.

최근 중국 대도시에는 '중산계급의 자연생활'이라는 조용한 붐이 생겨나고 있다.

예를 들어 상하이(上海), 베이징, 항저우(杭州), 광저우(廣州) 등 도시의 중산층은 교외에 땅을 빌려 현지 농민을 고용하거나 자기 손으로 유기농 경작을 해 자연 식재료를 생산하는 일에 열중한다. 이런 계층 사람들은 도시에서 현대적 생활을 영위하면서 주말에는 교외에서 밭일로 '기분 전환'한다. 그렇게 풍요롭지 않은 샐러리맨에게도 주말 노동은 스트레스 해소 수단이 된다. 작은 당나귀 시민농원의 회원 중에는 이런 샐러리맨이 적지 않다.

시장 논리는 돈벌이와 깊게 연관돼 있다. 중산층의 이런 요구에 대응해 이미 시장화된 '유기생산'이 서서히 퍼져 가고 있다. 대형 마트에는 대부분 '유기농 채소' 매장이 구비돼 있는데 보통 채소보다 몇배 이상 비싼 채소를 판다. 단 그 '유기성'은 전통농업 생산법과 관계가 없다. 오히려 유해하다고 간주된 생산법을 고친 것으로 농약이나 화학 비료를 적게 쓰는 대신 다른 것을 사용하는 식의, 이른바 '현대적 유기농업' 생산물이다.

그러나 이 여성의 선택은 전혀 달랐다. 그녀가 농촌에서 실천한 것은 현대적 유기농업이 아니라 전통적 생산양식 이었다. 때문에 마을은 대규모 유기농 생산을 목표로 하지 않고 오히려 관광을 중시해 '유기농 환경'을 정비하는 데 힘을 쏟았다. 이는 도시민의 '자연생활 붐'을 농촌 발전을 위해 절묘하게 이용한 것인데, 그녀 자신에게는 새로운 삶 의 방식을 창출하는 일이기도 했다.

작은 당나귀 시민농원의 선택도 이와 마찬가지다. 경쟁 측면에서 보자면 이 농원은 시장화된 '유기농업'과 겨룰 수 없다. 그러나 이 농원의 목표는 오히려 유기농업의 가 능성을 시행착오를 거치면서 모색하는 일이다.

원 톄쥔 씨는 총회 마지막 연설에서 저 당나귀를 언급
했다.

"예전에 아내와 의논해서 개인적으로 산 당나귀는 지금
새끼를 낳았습니다. 당나귀 모자는 지금 현지에서 함께 일
합니다."

그때 알았다. '작은 당나귀 시민농원'은 어미 당나귀가
아니라 새끼 당나귀를 생각하고 만든 이름이었다. 기계화
농업이 우습게 본 당나귀는 이렇게 자기 미래를 조용히 만
들어나간다.

8°

서민의
'계약정신'

2010. 6

1월에 고향에 내려가기 위해 잠시 베이징을 떠나게 돼
신문 배달을 멈추려고 우체국에 전화했다.

"신청서를 작성해서 서명한 뒤 배달 담당자에게 제출하
세요."

최근 중국의 서비스업은 급성장하고 있다. 격렬한 경쟁
속에서 예전에는 생각할 수도 없었던 서비스도 늘어나 사
람들의 생활감각도 서서히 섬세해졌다. 예를 들어 전화를
장기간 사용하지 않을 때는 아주 소액으로 번호만 유지할
수 있다. 전화요금도 은행에서 자동이체할 수 있게 돼 전
기요금이나 수도요금 등은 전화나 인터넷으로 지불할 수
도 있다. 장보기까지 포함해서 무엇이든 집에서 컴퓨터로
해결하는 사람들도 생겨나 일본에서 유래한 '자이난(宅

男)'·'자이뉘(宅女)'(두 단어는 '은둔형 외톨이'(일본어 히끼꼬모리 引き籠り)에 해당하는 중국어)도 유행어가 됐다.

이날 오후 나는 우체국 안내에 따라 배달 일시중지 신청서를 작성해 집에 온 배달 담당자에게 제출했다.

그런데 배달 담당이 평소 사람이 아니었다. 지금까지 배달해주던 청년은 때때로 23층에 있는 우리 집까지 일본에서 온 우편물을 전달하러 왔었다. 이 아파트는 일본에서도 익숙한 형태로 신문이나 편지 배달 등은 금속으로 된 1층 우편함 작은 틈새로 집어넣는다. 책 두권 정도까지는 들어가지만 큰 우편물일 때는 우편함 맨 위에 그냥 놔두고 가면 주민이 각자 자기 것을 가져가게 돼 있다. 하지만 이 청년이 어떤 까닭인지 일본에서 온 우편물은 특별하게 취급해준 것이다.

"선생님 성함이 쑨 거양(孫歌樣)이신지요?"(일본어 존칭 표현인 '사마(樣, 님)'를 중국인 배달부가 이름의 일부로 착각한 상황) 처음 우리 집에 방문했을 때 질문이었다. "쑨 거양"이라고 쓴 봉투에 그는 호기심을 느꼈던 듯하다. 왜냐하면 중국에서는 이름 뒤에 '양(樣)'을 쓰지 않는데, 그는 그 '양(님)'을 내 이름의 일부로 생각하고 중국인 이름으로는 다소 어색했기 때문에 확인하고 싶었던 것 같다.

나는 현관에서 5분간 일본어 수업을 했다. 그는 만족한 얼굴로 돌아갔다.

그뒤 일본에서 보낸 인쇄물이 오면 등기나 EMS가 아니더라도 그는 반드시 집까지 가져다줬다.

그러나 그 청년은 이제 이 아파트 배달을 담당하지 않게 된 것 같다. 이것도 요동치는 중국 대도시사회의 특징으로, 비즈니스 분야만이 아니라 일상 속에서 접하는 사람도 시시각각 달라진다.

아무튼 새로운 배달 담당자도 밝은 젊은이였고 진지한 표정으로 신청서를 손에 들고 사라졌다.

그리고 나는 안심하고 고향으로 떠났다. 그런데 급한 일이 생겨 예정보다 빨리 베이징에 돌아와 아파트 1층 우편함을 보니 속에는 신문이 꽉 차 있지 않은가. 다행히 빨리 돌아와서 신문은 우편함이 넘쳐 쏟아질 정도는 아니었지만 말이다.

"무책임하네"라며 나는 잠시 불쾌했지만 부재중의 신문을 한꺼번에 읽을 수 있어서 뭐라 할 마음은 생기지 않았다.

그러나 이 새로운 배달 담당자는 결코 무책임한 사람이 아니었다. 일본에서 우편물이 배달됐을 때 그도 1층에 그저 놔두지 않았다. 단 '양'에 호기심이 없었던 탓일까 23층 우리 집까지 올라오지 않고 인터폰으로 나를 불렀다.

"일본에서 온 우편물이 있습니다. 가지러 와주세요."

잠시 꾸물대다가 로비에 내려가자 의외로 그는 거기서

기다리고 있었다.

"중요할지도 모르는 거라서 직접 전달하고 싶었습니다"
라고 그는 진지하게 설명했다.

놀란 나는 고맙다고 인사했다. 그뒤로 호출을 받으면 바
로 내려가게 됐다.

그런데 왜 이런 성실한 청년이 신문배달 중지의 '약속'
을 지키지 않았는지 나에게는 의문이었다. 그러나 확인하
고 싶었지만 매일 만나는 것은 아니었기에 어느새 그만 사
람이 바뀌어버렸다.

그 배달 청년은 자기 판단에 따라 일본에서 온 대형 우
편물뿐만 아니라 중국 국내 우편물도 때때로 특별하게 취
급했다. 그래서 신문배달 중지가 안 된 이 사건에 대한 내
해석은 이렇다.

배달 청년은 무책임한 것이 아니라 우체국 배달중지 절
차를 잘못 밟았을 뿐이다. 절차를 밟기 위해서는 자기만이
아니라 여러 사람의 협력이 필요하기 때문에 아마 배달중
지 절차 어딘가에서 실수가 있었을 것이다. 그것은 그에게
알려지지 않았을 테고 말이다. 아니면 그는 우편함이 가득
찰 때까지는 신문을 배달하는 것이 좋다고 생각했는지도
모른다.

이런 저런 추측을 하던 중 문득 마루야마 마사오의 「육
체문학에서 육체정치까지(肉體文學から肉體政治まで)」가

생각났다. 서양식 현대사회의 '계약'이라는 특징은 중국 사회의 모든 상황에 그대로 적용될 수는 없다는 생각이 든다. 사회의 유동성은 높지만 사람들의 관계가 '매개됐다'는 감각이 발달하지 않았기 때문이다. 그 자리를 전근대적인 인간관계인 '얼굴'이 아니라 개인의 양심적 판단이나 사회의 일반법칙에 대한 개인적 이해가 대신한다. 이런 사회상황에서 '계약' 자체가 그다지 절대시되지 않는다는 사실에는 좋은 면도 있지만 개인 판단의 자의성을 범람시킬 위험성도 매우 높다. 배달 담당자는 신문배달 중지라는 '계약'을 지키지 않았지만 계약하지 않았던 일본 우편물의 특별 취급을 계속했다. 그러나 그 서비스는 그와 나 사이에 뭔가 특별한 관계가 있기 때문에 제공된 것이 아니었다. 그는 자기 판단에 따라 움직였을 뿐이었을 것이다. 하지만 이런 개인판단의 자의성은 생산적인 결과를 낳는다고만 할 수는 없기에 질서를 세우는 것은 중국에서 어려운 문제가 될 수밖에 없다.

*

베이징올림픽 전에 베이징 시장은 질서가 흐트러지기 쉬운 공중생활에 제대로 줄서는 습관을 정착시키기 위해 매월 11일을 '줄서기의 날'로 하자고 제안했다. 올림픽이 끝나면서 '줄서기의 날'도 끝났지만 질서가 없는 베이징 사람들 사이에도 줄을 서는 습관이 다소 정착한 듯하다. 쇼핑은 물론 버스나 지하철을 탈 때도 질서정연하게 줄을 서는 풍경을 볼 수 있게 된 것이다.

하루는 신문에서 줄서기에 관한 논의를 읽었다. 최근 베이징에서 버스를 타면 돈벌이를 위해 베이징에 온 농민들을 많이 볼 수 있다. 처음 대도시에 온 그들은 '줄 서는' 습관에 익숙하지 않아 버스나 지하철이 오면 줄 뒤에 서 있다가 갑자기 순서를 어기고 승객이 아직 내리지 않았는데도 자리를 확보하기 위해 주위 사람을 밀어젖히고 열심히 차 안으로 돌진한다. 앞에 서 있던 노인이나 아이들은 어쩔 수 없이 나중에 승차하게 될 뿐 아니라 그들에게 밀려 다치는 경우도 있다고 한다. 물론 그들은 승차한 뒤 노인에게 자리를 양보하는 습관도 모른다. 그래서 베이징 시민은 이런 '비문명'의 농민에게 어떻게 대처할지를 신문지상에서 논의했다.

흥미롭게도 이 논의는 줄서기라는 질서를 어떻게 확립할지를 둘러싸고 벌어지지는 않았다. 논의의 중심은 순서를 어기는 농민들 행위의 합리성에 있었다. 결론부터 말하자면 두가지 주장이 맞부딪쳤다. 한편의 의견은 마이너리티인 농민이 낯선 도시에서 느끼는 불안감 때문에 다소 난폭한 행위로 자기를 지키고 있으며, 평소 불평등한 대우에

베이징뿐만 아니라, 안후이성에서도 줄을 서는 훈련이 자원봉사자의 안내로 이루어졌다. 어린이나 노인이 먼저 서는 것이 원칙. (사진: 가오 추高初)

서 오는 불만을 행위로 표출한다는 것이었다. 다른 한편에서는 이에 대한 반론으로 마이너리티란 무엇인지에 대한 논점을 제기했다. 청장년 농민은 사회적 지위는 몰라도 체력적으로 도시의 노인이나 아이들보다 훨씬 우월하다. 게다가 도시의 승객이 농민보다 사회적 지위가 높다는 보장도 없기에 난폭한 행위의 피해자야말로 마이너리티 아니냐는 것이었다.

이 논쟁이 그뒤로 지속되지는 않았다. 끊임없이 베이징으로 돈을 벌러 오는 농민들도 언제까지나 줄서기를 지키지 않을 수는 없을 것이다. 베이징 생활에 익숙해지면 그들도 바뀔 수밖에 없다. 실제로 지하철에 탔을 때 농민청년이 나에게 자리를 양보한 일도 있었다.

그런데 왠지 모르겠지만 줄서기에 관한 논의와 신문배달 일이 내 뇌리에서 겹쳐 다른 생각이 자라났다. '절차'에 대한 둔감함이라는 점에서 두가지가 모종의 동질성을 보였기 때문이다.

*

오늘날 중국에도 '계약정신'이 없지는 않다. 여러 곳에서 '계약'은 실행되고 있으며 강조되기도 한다. 그러나 계약정신은 질서를 만든다는 역할을 하면서도 나쁘게 작용하는 일도 적지 않다. 마루야마가 지적한 '육체정치'처럼 계약과 절차를 실체화함으로써 책임 회피를 하는 일도 가능하기 때문이다. 더 나아가 경직화된 계약(예를 들어 절대시된 제도나 절차 등)을 악질 관료가 이용해 서민들의 '절차혐오' 감각을 가중할 수도 있다.

사회의 현대화가 진전되는 한편 중국의 여러 층위에는 사람들이 각각 자기 판단으로 행동한다는 종래의 사회적 관습이 뿌리 깊게 살아남아 있다. 마을의 '얼굴사회〔顔社會, 얼굴을 알 만큼 친근한 사람들의 사회. 중국에서는 숙인사회熟人社會라고 한다〕'나 그것에 적합한 행동패턴은 도시에 돈벌이 때문에 온 대량의 인구 이동에 의해 상당 부분 파괴됐지만 새로운 사회적 규칙은 여전히 형성 중이라 생각된다. 단 사회 전체가 계약(혹은 그 표현인 사회제도) 위에 선 안정을 획득하기 위해서는 유동 상태를 질서화하는 절차가 필요 불가결하며, 질서화의 실현은 절차감각의 공유를 전제해야만 한다. 그러나 원래 가치판단을 수반하지 않은 절차감각을 중국사회에 뿌리 내리게 하기는 어렵다. 무엇이 좋고 나쁜지 구분할 수 없는 한, 생활 속에 완전히 수용하지 않은 사회이기 때문이다.

최근 흥미로운 뉴스가 있었다. 베이징의 대로 구석에 위안화 지폐 다발이 떨어져 있었다. 서로 모르는 두 청년이 동시에 알아차리고는 경찰에 전화한 뒤 그대로 빗속에서 돈을 지켜보고 있었다. 경찰이 올 때까지 긴 시간이 걸렸음에도 그들은 결코 돈다발을 만지지 않았다. 훔쳤다는 의심을 피하기 위해서였다고 밝혔다.

이 뉴스를 보도한 미디어는 다음과 같이 논평했다.

두 청년은 양심적인 일을 했지만 동시에 자기들이 의심받지 않도록 걱정해야만 했다. 이것은 우리 사회의 비애가 아닐까.

이 논평은 중국 서민들의 '계약정신'을 선명하게 나타내고 있는 듯하다. 절차든 제도든 중국에서는 도덕 판단으로 치환된다. 얼굴사회가 파괴된다고 해서 제도를 통해 비인격적으로 운용되는 픽션감각이 반드시 생겨난다고는 할

86

수 없다. 중국 서민의 도덕 판단에 어떻게 인격을 수반하지 않는 '계약'정신을 주입할 수 있을까? 이것은 현재 중국 정치사회 형성의 가장 큰 난제다.

산보원년

2010. 8

대만 자본인 폭스콘(Foxconn, 푸시캉富士康, 대만 전자기기 브랜드로 전세계 컴퓨터 회사에 부품을 공급한다)공장에서 일어난 연속자살 사건을 중국과 해외 미디어가 주목했다. 10명 남짓한 젊은이들이 안타깝게도 세상을 등졌고 그 결과 여론의 압력으로 이 공장은 노동자 임금을 배로 늘리고 쉬는 시간도 늘렸다고 한다.

스스로 목숨을 끊는다는 것. 이런 극단적인 형태로 생존 상황을 개선하려는 시도는 너무나도 애처롭다. 실제 자살한 사람 본인은 자기 상황을 개선하기 위해서가 아니라 개선 가능성에 절망했기 때문에 죽음을 선택했을 것이다. 하지만 그 일련의 죽음으로 살아 있는 몇만명의 사람이 어느 정도 구제됐다. 그러나 이 구제 방식은 너무나도 '비용'이

높았다.

폭스콘 사건은 마치 수면에 돌을 던진 것처럼 계기를 만들어냈다. 바닥에 가라앉은 돌이 순식간에 회오리를 일으키며 일련의 파문은 서서히 커졌고 돌이 던져진 장소와 상관없는 곳까지 확산됐다. 외자 기업을 포함해 중국의 무수한 공장 노동자는 지금 진지하게 자기의 처우 문제를 경영자와 교섭하고 있다. 임금 액수부터 노동조건까지 노동자들은 자기 권리를 주장하기 시작했다. 그것은 결코 일본의 춘투(春鬪, 춘계 임금인상 투쟁)처럼 고정된 방식이 아니라 여러 이유로 여러 시공간에서 일어나고 있다. 폭스콘 사건이 교섭의 첫 계기는 아니었다. 그 전에도 폭력적 저항까지 포함한 교섭이 있었지만 폭스콘 사건은 그 교섭의 정당성이나 필요성을 드러냈을 뿐이다.

황석영(黃晳暎)이라는 한국 작가가 있다. 그는 『객지』라는 소설로 거의 40년 전 한국 노동자의 상황을 멋지게 그려냈다. 가장 시사적이었던 것은 동혁이라는 주인공의 정치감각이었다. 그는 투쟁 주체인 노동자를 동원하기 위해 예리하게 여러 기회를 포착하고 노동자의 저항의식을 환기해 파업을 조직하는 데 성공한다. 그러나 회사 측의 분단 작전으로 노동자의 저항운동은 지속되지 못한 채 결국 실패하고 만다. 이 소설의 핵심은 파업의 결말에 이르는 과정이 아니라, 노동자 동혁이라는 정치적 인간이 가혹한 착취 환경에서 순박한 노동자들을 동원해 운동에 참가하게 하는 정치적 지혜에 있다.

황석영의 냉철한 시선은 결코 정치와 도덕을 혼동하지 않았고 대립시키지도 않았다. 그는 정치 판단의 '냉혹함'을 그리면서 민중의 정치 참여가 얼마나 어려운지의 문제에 직면했다. 여러가지 이유로 민중은 투쟁에 참여하기를 주저한다. 그러면서도 축적된 분노는 우연한 계기로 생각지도 않게 폭발하는 경향도 강하다. 진정한 정치동원은 민중의 에너지를 끌어내면서도 그 희생은 최소한으로 줄여야만 한다. 황석영은 동혁의 어떤 결단을 극명하게 그린다. 어느날 노동자와 공사 감독인의 충돌이 일어났을 때 동혁은 동료들의 무의미한 대립을 억누르면서도 그들을 동원할 수 있는 계기를 찾고 있었다. 오 씨라는 청각장애인이 상대와의 집요한 격투 끝에 중상을 입었음에도 거기 있던 동혁은 오 씨를 도우려는 사람을 말리면서 일부러 사태가 확대되기를 노렸다. 그는 '대위'라는 남자와 둘이서 중상을 입은 오 씨를 등에 업고 공장 안을 뛰어다니며 노동자들에게 호소함으로써 파업에 성공한다.

동혁은 결코 착한 휴머니스트가 아니다. 그는 엄중한 생존 환경에서 인간의 목숨을 어떻게 사용할지를 위태로운 시점까지 계산한 것이다. 노동자의 의분을 일깨우기 위해 오 씨의 중상이 '필요'했는데, 투쟁이 일어난 뒤 그는 즉시 중상을 입은 대위와 오 씨의 치료를 회사 측에 요구했다. 여기서 그의 인도주의 감각이 엿보인다. 어쩔 수 없이 희생을 치르더라도 그것을 최소한으로 억제한다는, 이른바 한계상황에서의 '정치미학'이 여기에 있다.

*

『객지』를 읽은 충격 덕분에 몇년 뒤 나의 오끼나와 체험은 새로운 빛을 얻을 수 있었다. 오끼나와의 민중투쟁은 이미 반세기 이상 계속돼왔다. 정치적 입장이 서로 모순을 일으키면서도 '섬 전체를 아우르는 투쟁'이 가능했던 것은 훌륭한 활동가들의 정치 판단 덕분이었다. 그들은 민중의 분노를 투쟁으로 전화시키는 효과적인 방법이 무엇일지, 미군기지 이전, 아니 그 존재 자체를 폐지할 수 있을지 등을 궁리해왔다.

헤노꼬(邊野古)에서 연좌시위를 벌이던 할아버지가 그들의 비폭력 저항의 의미를 설명한 일은 잊지 못할 기억이다. 헤노꼬의 저항은 처음부터 비폭력으로 이뤄졌다. 항의하는 사람들은 교대로 해상 시굴(試掘) 조사를 위한 정박장에서 연좌를 계속했고 어떤 때는 조사원에게 밀려 바다로 떨어지기도 했다. 한겨울 차가운 바다에 떨어졌을 때의 감각을 생각하면서 나는 할아버지에게 물었다. 그렇게 난폭한 취급을 당했는데도 여러분은 비폭력 원칙을 지켰느냐고. 할아버지는 아무렇지 않게 답했다. "폭력을 휘두르면 법률상으로 쫓겨날 구실을 주기 때문에 투쟁에 폭력은 방해가 되죠."

얼핏 보면 헤노꼬 사람들의 저항형식과 『갯지』에서 묘사된 저항형식은 정반대처럼 보일지 모르지만 공통 원칙이 관통하고 있다. 바로 피의 사용법을 궁리하는 원칙이며 과격한 정치에 대한 경계다. 1926년 루쉰(魯迅)은 이렇게 말했다. "개혁을 위해서는 유혈을 피할 수 없지만 유혈이 곧바로 개혁이 되는 것은 아니다. 피의 사용법은 돈과 마찬가지로 너무 아껴도 안 되지만 낭비는 대실패로 이어진다."

루쉰은 이른바 '3·18사건' 때 젊은 학생들의 무참한 죽음과 마주해 이런 교훈을 얻었다. 나는 이 교훈이 '우리 동아시아' 속에 살아 있는 것 같다고 느낀다. 상황이 심각하면 심각할수록 정치 판단은 '단순한 정치 판단'에 그치지 않는다. 그래서 오래 전 마루야마 마사오는 '정치'에 일부러 '아트'(art)라는 후리가나(ふりがな, 한자 옆에 읽는 법을 단 것)를 붙였는데 이는 매우 시사적이다. 정치투쟁은 인간의 생명이 걸린 이상 단순히 승리만을 목표로 삼는 것이 아니라 상상력까지 요구한다. 그리고 그 상상력의 중핵이 되는 것은 무엇보다 생명 존중이다. 따라서 정치학은 정치미학이 될 필요가 있는지도 모른다.

폭스콘 사건이 사회에 널리 알려진 이후 혼다 중국 공장에서 임금 인상을 요구하는 대규모 파업이 발생해 생산이 중지된 일이 있었다. 싼 노동시장이라는 지금까지의 중국의 이미지는 이미 붕괴하기 시작했다. 그러나 동시에 또 하나의 붕괴도 조용히 진행 중이다. 중국에는 '민주주의가 없다'는 이미지의 붕괴다.

싼 노동력인 중국 노동자는 이제 스스로 '어눌한 함성'을 내뱉고 있다. 그들은 때로는 『객지』의 1970년대 한국 노동자처럼 분노를 이기지 못하고 폭력적인 저항으로 내닫기도 하지만 때로는 오늘날 혜노꼬 사람들처럼 냉정하게 투쟁의 전략을 생각하기도 한다. 틀림없이 중국에도 동혁 같은 노동자 정치가가 있다. 그러나 폭스콘의 애통한 희생자 수십 명이 비로소 하나의 심각한 현실을 보여줬다.

민중은 고독한 개인이 됐을 때는 청각장애인 오 씨처럼 비이성적으로 행동하거나 자살로 항의하는 등 매우 버거운 처지에 놓이게 된다. 그들의 희생은 정치사회 형성이라는 무거운 과제를 살아남은 자들에게 부여한다. 희생이 정치행동의 댓가로서 피할 수 없다면, 그것을 줄이는 일 또한 정치 과제일 수밖에 없으며 피할 수는 없다.

중국사회는 요 몇년 사이 분명히 이 방향에 접근하고 있다. 인텔리가 상상하는 '반체제'와는 전혀 다른 방향에서 민중의 생생한 민주적 실천은 날마다 사회를 개조하면서 사회체제의 탄력성도 키우고 있다. 그 탄력성이야말로 정치사회 성숙의 기반이다.

*

최근 몇몇 도시에서 '산보(散步)'라는 새로운 사회현상이 생겼다. 큰길에서 천명 혹은 만명 단위의 사람들이 함께 걷는 현상이다. 물론 목적은 언제나 구체적인 호소다. 예를 들어 2007년 샤먼시(廈門市) 정부가 PX라는 화학공장 건설을 결정했을 때 오염 가능성을 두려워한 샤먼 시민들은 자발적으로 모였다. 많은 사람들이 노란 리본을 달고 큰길에 나가 조용히 '산보'한 것이다. 그 이유는 "시장을 만나서 설득하고 싶어서"였다. 산보의 결과 시정부는 PX 건설을 대폭 늦춰 재검토할 수밖에 없었다.

샤먼 시민의 이 유연한 항의 방식 때문에 2007년은 인터넷상에서 '산보원년(散步元年)'이라 불렸다고 한다. 그뒤 상하이, 청두(成都), 충칭(重慶) 등 잇따라 산보가 나타나 모두 정부의 응답을 끌어냈다. 산보뿐만이 아니다. 2009년 항저우에서 어떤 부잣집 아들이 고급차로 폭주해 파란 신호에 길을 건너던 젊은이를 살해한 사건이 있었다. 그런데 시민을 분노케 한 것은 사고 자체보다 사고 뒤에 용의자인

2008년 1월, 자기부상열차가 자신들이 사는 지역 근처를 통과하는 것에 반대하기 위해 산보에 나선 상하이 시민들. (『난더우저우칸(南都週刊)』188기)

부잣집 아들이 보인 오만한 태도였고 경찰이 취조 후 즉시 그를 석방한 일이었다. 일련의 사건은 항저우 시민에게, 아니 인터넷으로 소식을 접한 사람 모두에게 사회 부정의로 보였다. 여기서 시민들은 획기적인 추도의식을 벌였다. 희생자의 출신 학교인 저장(浙江)대학 학생의 발의로 항저우 시민 모두 '현장추도'에 나선 것이다. 그날 밤 참가자는 촛불을 손에 들고 침묵한 채 사고 현장에 섰다. 1만명 가까운 사람이 모였다. 그 무언의 메시지는 사태를 역전시켜 용의자가 법으로 처벌받았을 뿐 아니라 관련된 경찰도 처벌받았다.

산보든 현장추도든 다수의 시민이 모이는 것은 민주주의 정치의 향방을 나타내는 일종의 표지다. 시위가 자유롭지 않으니 그 대신 산보를 한다고 생각할 필요는 없다. 시위와는 달리 산보는 원래 격렬한 저항 자세가 아니다. 이런 자세는 결코 '반정부' '반체제'가 아니라 오히려 정부나 체제의 통치 방식을 '바로잡는' 일을 통해 사회개혁을 진전시키는 역할을 한다. 2005년 반일 시위와 비교하면 산보원년 이래 시민운동은 한층 성숙해졌다고 말할 수 있을지 모른다.

중국식의 민주정치란 어떤 형태일 수 있을까? 과거의 역사를 되새기고 스스로의 역사를 살아가는 동안 여러 댓가를 치르면서 중국 민주주의는 확실히 성장하고 있다. 그 윤곽은 아직 뚜렷이 보이지 않지만 싼 노동력이 사라지는 과정이야말로 인권의식과 민주관념이 개화하는 과정 아닐까?

한방의
철학
2010. 10

아마 7년 전이었을 것이다.

직장에서 지정한 큰 병원에서 건강검진을 받아보니 갑
상선에서 혹이 발견됐다. 악성으로 변하지 않는다는 보장
도 없기 때문에 조기에 수술을 받는 편이 좋다고 했다. 1년
동안 일본 체류가 예정돼 있었기 때문에 출발까지 시간을
생각하니 수술할 여유는 없을 것 같았다.

외과의사는 "생명이 중요한지 일이 중요한지 생각하라"
며 다소 과장되게 협박하면서 일본행을 취소하고 갑상선
제거 수술을 받도록 권유했다. 혹뿐만 아니라 갑상선 기능
도 정상이 아니었기 때문이다.

그뒤 다른 여러 병원에서도 어떤 증상인지 진단을 받았
다. 결과적으로 혹은 양성인 듯하고 수술을 받아도 또 생

길지 모른다는 사실을 알았고, 갑상선 기능이 정상이 아니면 문제가 될 수 있다는 것 등도 알았다. 아무 지식이 없었던 나에게는 좋은 공부였다.

생각해보면 갑상선 기능이 좋지 않다는 이유만으로 제거하는 것은 납득이 안 되는 치료 계획이었다. 나는 외과 의사의 딱딱한 표정을 보면서 주저 없이 수술을 거절했다.

문제는 이후였다. 갑상선 기능을 정상으로 돌리는 것은 완전히 '자기 책임'이 돼버렸다. 직장 동료는 외과와 같은 병원의 한방(漢方)의사를 소개해줬다. 만나서 진단을 받았더니 그는 "수술받을 성도는 아니에요"라고 내 판단을 지지하면서 한방약(漢方藥)으로 증상을 모두 고칠 수 있다고 위로했다. 그래서 나는 열종류 이상의 약초가 들어간 한방약을 받아 감옥에서 자유세계로 돌아온 기분으로 귀가했다.

그런데 그 약을 이틀 치 먹고 나니 증상이 더 나빠져 앓아누워버렸다.

무리해서 일어나 한 친구를 만나러 갔다. 그녀는 작은 병원에 근무했는데 그곳의 유일한 한방의사였다. 지금까지 그녀의 진단을 받은 적은 있었지만 그렇게 솜씨가 좋다는 생각은 해본 적이 없었다. 그러나 지난번 큰 병원의 한방의사를 제외하고는 아는 한방의사가 그녀뿐이었기 때문에 찾아갔다.

이틀 동안 먹은 약 처방전을 보여주자 그녀는 아무 말 없이 미소를 지었다. 그리고 조용히 내 팔을 잡더니 진맥하기 시작했다. 이전 의사와 정반대로 그녀는 세 종류의 약초만으로 약을 지어 3일만 먹어보라고 했다.

반신반의하며 새 약을 먹어보니 꿈에도 상상하지 못했던 기적이 일어났다. 하루 만에 증상이 가벼워졌고 이틀치를 다 먹으니 건강을 되찾은 것 같았다.

바로 달려가 설명해달라고 했다. 그녀의 설명은 길었지만 요약하자면 다음과 같았다.

처음 큰 병원 선생은 한방의사지만 사고방식이 양의사와 거의 똑같다. 병에 걸리면 그 '병을 고친다'라는 방식이다. 외과의사는 수술로 갑상선을 잘라내어 증상을 없앤다는 발상이었다면, 한방의사는 그 증상에 대한 약을 처방했다. 그때 내 체력이 약했기 때문에 체력을 강화하는 약도 썼다. 심장의 두근거림에는 심장 강화약을 처방했다. 물론 선택한 약은 증상을 개선할 뿐 아니라 체질을 조정하는 역할도 했다. 하지만 그 한방의사는 개별 증상의 개선만 생각하다가 상극인 약초를 써 내 몸이 균형을 잃어버렸던 것 같다.

이와 달리 작은 병원의 한방의사는 한방 고유의 발상으로 치료했다. 그녀는 약으로 증상을 치료하는 것이 아니라 몸의 조절 능력을 보강해 자신의 힘으로 자기 병을 '바로

잡는' 방법을 택했다.

처방해준 세종류의 약초는 모두 갑상선이나 그 기능과 관련된 증상과는 전혀 상관이 없다고 했다. 그녀는 진맥을 통해 몸 전체를 둘러싼 '원기'가 약해졌다고 판단해 원기를 보강하는 약을 처방했을 뿐이다. 그리고 약을 조합하는 방법은 후한 시대 이래의 고전 의서인 『상한론(傷寒論)』을 참조했다고 한다.

그녀가 말하기를 병에는 증상도 있고 원인도 있지만 증상과 원인 사이에 반드시 직접적인 관계가 있지는 않다는 다소 철학적인 설명을 해줬다. 이 말의 의미를 알게 된 것은 한참 나중의 일이었다.

*

출발하는 날이었다. 나는 한방의사가 준 약을 들고 토오꾜오에 도착했다. 보름 정도 지나 토오꾜오의 전문 병원에서 검사를 받았을 때 의사는 "이 정도 혹은 수술할 필요가 없어요, 정기검진을 받으세요"라고 말했다. 또 의사는 이렇게 물었다.

"한달 전 갑상선 상태가 굉장히 안 좋았는데 어떻게 지금 정상이 됐죠?"

내가 한달간의 경험을 말하자 이 진지한 의사는 즉시

"그 처방전을 줄 수 없을까요?"라고 말했다.

　나는 조금 고민하다가 거절했다. 처방 속 한 약초는 독성이 강했기 때문이다. 『상한론』의 세계관을 공유하지 않는 의사가 이 처방을 따르면 환자의 생명이 위태로워질 수 있다. 서양의학은 증상을 통해 병을 유형화할 수 있고 치유를 위해서도 유형화된 약을 쓰면 되지만 한방은 그렇지 않다. 똑같은 증상이라도 다른 병일 가능성이 있으며 같은 병이라도 정반대의 성질을 가진 약이 효과를 낼지 모른다. 모든 것은 환자의 개인차에 의해 결정된다.

　"내 갑상선 기능을 정상으로 만든 것은 약이 아니라 내 힘입니다. 이 약은 나라는 사람의 힘을 끌어낸 것이기 때문에 다른 분들한테도 효과가 있을 것이라 말할 수 없습니다"라고 나는 부족하지만 그 의사에게 설명했다. 실망한 의사의 표정을 지금도 잊을 수 없다. 지금도 미안한 마음이 든다.

　갑상선에 이상이 생긴 뒤 친구 한방의사와는 아주 친한 사이가 됐다. 그녀는 훌륭한 한방의사지만 결코 솜씨가 좋다고 할 수는 없다. 왜냐면 그녀의 적확한 진단과 치료 사이에는 명백한 격차가 있기 때문이다. 그녀가 말하길 한방의사가 하나의 처방으로 충분한 효과를 내기 위해서는 몇만명의 환자를 진료해야만 한다고 했다. 그녀가 일하는 작은 병원에서는 그런 조건이 마련되지 않았던 것이다. 나는 운이 좋아서 그녀가 잘하는 처방으로 갑상선 기능이 개선된 것뿐이었다.

하지만 나는 그녀가 훌륭한 의사라는 사실을 주저 없이 인정한다. 그녀에게는 두가지 장점이 있다. 첫째, 병의 원인을 분석할 때 한방의사다운 전체적 관점을 취한다. 몸 일부의 증상을 몸 전체의 상황과 관련지어 분석해, 전체와의 관련성을 발견해 치료하는 것이다. 이 집중작전 덕분에 그녀가 처방하는 약은 언제나 적다. 둘째, 경솔하게 약에 의존하지 않는다. 약을 처방할 때도 지금 말한 이유에서 약초 수가 제한되고 총량이 적다. 이렇게 인산의 몸을 배려하는 의사는 훌륭할 수밖에 없다.

치료를 통해 친구 한방의사가 열어준 창으로부터 나는 한 기묘한 세계를 엿볼 수 있었다. 그것은 한방의 철학 세계다.

서양의학에 익숙한 나에게는 완고한 습관이 있다. 병은 적이며 치료는 적과의 싸움이라는 의식과 신체의 감각 말이다. 이는 몸속에 나쁜 것이 있으면 반드시 '쫓아낸다'는 상식과 연결된다. 감기에 걸리면 감기약을 먹는다. 감기약을 먹어도 안 먹어도 감기가 나을 때까지 1주일이 걸린다는 사실을 심각하게 생각해본 적이 없었다. 오래 전 일본 친구로부터 '감기를 통과시킨다'라는 생각을 들은 적이 있다. 감기를 태풍처럼 여기는 이 발상은 약을 먹든 안 먹든 낫는 데 1주일이 걸린다는 사실을 직시한 것이다. 병과 싸운다기보다는 평화공존한다는 것인데 감기를 통해 오히려 몸을 갱신한다는 생각이다.

서양의학은 인체를 세세하게 분해해 부분의 조합으로 인간을 재구성한다. 이런 정밀한 분해로 상당수의 병을 올바로 진단할 수 있게 된 것은 사실이다. 그리고 무엇보다 기계를 쓰는 서양의학은 의사의 질과 상관없이 일정 수준의 치료가 보장된다는 장점이 있다.

그러나 한방은 전혀 다른 세계다. '과학'의 방법과 별로 어울리지 않는 이 전통문화는 현대인이 봤을 때 인간을 엄밀하지 않게 파악하는 방식일지 모른다. 한방에는 기계를 사용하는 검사가 없다. 모든 의사는 진맥으로 판단한다. 그래서 의사의 질은 치명적일 정도로 중요하다. 좋은 한방의사는 환자의 맥을 미세한 움직임까지 포착할 수 있어야 하고 혀·손바닥·얼굴의 상태로 정확한 병을 진단해야 한다. 그 정밀함은 서양의학의 기계 검사 수준이라 한다. 그러나 그런 양질의 한방의사는 드물다. 그 옛날 루쉰이 한방의학을 적으로 삼은 것은 한방이 잘못됐기 때문이 아니라 그가 좋은 한방의사와 만난 적이 없기 때문이었다.

문화대혁명을 계기로 원래도 그다지 발전하지 않았던 한방은 '미신'으로 부정돼 전면적으로 '서양화'돼버렸다. 그럼에도 한방의사는 중국에서 사라지지 않았다. 서양의

항저우의 전통 한방약국. 좌측은 마련된 탕약의 원료. (사진: 저자)

학의 검사 수단을 이용하면서 되도록 한방 치료 수단으로
치료한다는 '서체중용(西體中用)'의 방식이 일반화돼 정규
병원에는 거의 모두 한방과가 있다. 서양의학을 전제로 한
한방의학은 자기 철학을 버리고 서양의학의 철학으로 사
물을 생각하게 된 셈이다.

그러나 최근 조용히 '한방 르네상스'가 생겨나고 있다.
생활수준 향상에 힘입어 중국인은 '섭생'에 신경을 쓰기
시작했다. TV에서는 수많은 섭생 프로그램이 생겨나 날
마다 한방 지식을 보급한다. 한방 약초 중 일부는 식재료
이기도 해서 그것을 활용해 가정에서 병을 예방·치료하는

법을 가르쳐주는 프로그램이 인기를 얻는가 하면, 약을 쓰지 않는 침이나 뜸 등 전통적인 치료법도 일반적으로 활용되기 시작했다. 게다가 다양한 기공(氣功)이 부활하는 과정에서 기존과는 다른 방법이 차례차례 등장하기도 했다.

이런 한방의 부활 속에서 서양의학의 철학과 상이한 세계관도 천천히 부상하기 시작했다. 병에 대한 한방의 사고방식은 적을 쫓아내는 것이 아니라 평화롭게 공존하면서 서서히 우리 편으로 만드는 것이다. 한방의사는 병을 고치는 것이 아니라 몸의 주체적 힘을 어떻게 강화할 것인가에 언제나 신경 쓰는 것 같다. 결국 인간 생명의 주축은 '원기'이며 원기를 통해 '병'은 저절로 억제할 수 있다는 것이다. 병이란 원기가 약해질 때 생기며 원기가 다시 강해지면 병도 원기로 변화한다는 사고방식이다. 수술하고 병에 걸린 부분을 잘라낸다고 해서 해결되지 않는다. 오히려 새로운 균형을 만드는 일이 무엇보다 중요하며 그렇기에 한방의사가 추천하는 생활양식은 소중하다.

내 한방의사 친구에게는 이런 철학이 있다. 그녀는 약보다 식사, 의사보다 자기 자신이라는 도리를 나에게 일깨웠다. 연구생활의 긴장 속에서 나는 서서히 그녀에게 설득돼 가능한 한 균형이 잘 잡힌 생활을 보내게 됐다. 그뒤 병에 대한 나의 사고방식은 어느새 바뀐 것 같다.

사라져가는
권촌문화
2010. 12

　'권촌(眷村, 쥐춘)'은 대만 특유의 말이다. 1949년 국민당
이 대만으로 퇴각했을 때 하급 군인과 그 가족이 사는 공
간을 일컬었다. 이 말에는 특수한 역사가 깃들어 있어 대
만에서는 특별한 울림이 있다. 대륙 중국인이 그 울림을
느끼기는 쉽지 않다.

　대만의 신주(新竹)에 와서 한달이 지났다. 이곳 자오퉁
(交通)대학에서 강의를 하기 위해 반년간 머물게 된 것이
다. 대학 주변에 권촌이 몇군데 있다는 정보를 접했는데도
내가 대륙인이기 때문인지 별로 감흥이 없었다.

　하루는 친구와 함께 대학 바깥에 식사를 하러 갔는데 기
묘한 건물 앞을 지나쳤다. 절 같았는데 크게 열린 문을 통
해 안을 보니 장 제스(蔣介石)의 거대한 동상이 서 있었다.

친구에게 물으니 여기는 도교의 '무극요지금모궁(無極瑤池金母宮, 우지야오치진무궁)'이라는 사원인데 정작 '금모(金母, 진무)'는 2층에 모셔져 있고 1층에는 장 제스 동상뿐이어서 사람들은 이곳을 '장공묘(蔣公廟, 장궁먀오)'라 불렀다고 한다. 호기심이 발동해서 자세히 봤는데 왠지는 모르겠지만 장 제스 동상 앞 음식이 잔뜩 놓인 커다란 테이블을 세 노인이 둘러싸고 즐겁게 점심을 먹고 있었다.

우리를 보더니 세 사람 다 인사를 하면서 같이 먹자고 불러줬다. 사양하자 그들은 식사를 멈추면서까지 안으로 들어오라고 권유했다. 그리고 한 할아버지가 '장공묘'의 유래를, 아니 오히려 자기 역사를 이야기해줬다.

이 사람은 젊을 때 국민당 공군의 정비사였다. 군대와 함께 대륙에서 대만으로 와 신주에 상륙한 것이다. 신주는 대만해협에 있는 도시로 군사요충지다. 그래서 이곳은 국민당 공군의 기지가 돼 그도 여기서 새로운 인생을 시작했다.

"나는 일개 군인이니까 정치 따윈 몰라. 일본군과 싸우는 일만 생각했지. 아무튼 장공(장 제스)이 없었다면 일본인을 쫓아내지는 못했을 거야"라고 그는 눈을 반짝이며 맥락 없이 옛날 추억담을 쏟아냈다. 산만한 이야기 가운데 가장 인상 깊었던 것은 그와 일본인 사이에 있었던 카라떼(空手) 시합이었다. 그 일본인이 민간인이었는지 군인이었는지, 시합 장소가 대륙이었는지 대만이었는지 모두 분명하지 않지만 그가 흥분하며 일러준 바에 따르면 일본인이 매우 강했고 중국인이 모두 졌기 때문에 참지 못하고 단상에 올라가 그 일본인을 제압했다는 것이다. 최근 대륙 영화에서나 나올 장면으로 나는 미소 지을 수밖에 없었다.

"그는 대단한 사람이었지. 누구한테도 진 적이 없어"라며 곁에 있던 할아버지는 감동한 표정으로 끼어들었다. 원래 정비사였던 할아버지도 추억담으로 젊어지기라도 한 것처럼 가슴을 두드리면서 "중국인은 지지 않아"라고 큰 소리로 외쳤다.

장공묘는 이 사람이 전액을 출자해서 세웠다고 했다.

그는 퇴역한 뒤에 공군에서 배운 기계 지식을 활용해 대만에서 으뜸가는 건축용 기계회사를 세웠다. 이 회사는 현재 대만뿐만 아니라 상하이나 안후이성(安徽省)에도 지사가 있다고 한다. "나는 동아시아 회사를 만들 거야"라고 그는 자랑스레 선언했다. 이 활달한 할아버지는 상당한 사업을 펼치며 소박한 얼굴로 유유자적하게 장 제스 동상 곁에서 생활하고 있었던 것이다.

"얼마 전에 민진당 녀석들이 장공상(蔣公像)을 쓰러뜨리려고 했지. 나는 절대로 용서할 수 없어서 싸웠어."

장 제스상의 맞은편 입구 바로 위의 천장 가까운 벽에는 예전 국민당 장교 사진도 걸려 있었는데 놀랍게도 그중에는 장 쉐량(張學良)의 사진도 있었다. 신주의 교외는 예전에 장 제스가 장 쉐량을 연금한 곳이기도 했다. 이 할아버지는 그 무렵의 역사를 어떻게 이해하고 있을까?

"여기 걸려 있는 장교들은요?"라고 나는 물어봤다.

"그들은 잘 싸운 사람들이지, 장공과 마찬가지야"라고 할아버지는 자기 기준으로 설명했다.

장공묘 바로 옆에 대부분 해체된 권촌이 있었다. 할아버지는 거기 살았지만 건물이 낡아 더이상 살 수 없었기 때문에 개축했다고 한다.

*

그로부터 얼마 지나지 않아 나는 '권촌박물관'을 견학했다. 거기서 장공묘의 할아버지가 말해주지 않았던 역사를 찾아보고 싶었다. 이 박물관은 신주시의 출자로 세운 3층 건물로 무료 개방돼 있다. 거기서 일하는 두 여성은 모두 권촌 출신이며 권촌문화를 보존하기 위해 열심히 일하고 있었다. 내가 대륙에서 왔다고 말하자 두 사람 모두 반갑게 고향 이야기를 했다. 한 사람은 나와 같은 둥베이 출신이라고 했다. 연령으로 보자면 그들은 대만에서 태어났을 텐데 말이다.

진열품이나 사진을 통해 나는 대륙에서는 좀처럼 볼 수

없는 중국 현대사의 또다른 장면과 마주했다. 1949년 내전에서 패배한 장 제스는 대만으로 퇴각해 5년 이내로 대륙에 반격을 가해 승리하겠다고 선언했다. 그렇게 대만에 몰려온 국민당 군대는 이 섬 도처에 기지를 만들었고 그 주위에 권촌이 형성됐다. 1982년 통계에 의하면 대만 전체에 모두 879개의 권촌이 있었으며 그중에서도 중앙 직속 마을은 모두 북부에 집중돼 있었다.

십몇년 전 처음 대만을 방문했을 때부터 '권촌문화'라는 말을 종종 들었다. 나는 그것을 대륙의 '군속단지(軍屬團地)' 같은 것으로 생각해서 특별히 주의를 기울이지 않았는데 이 박물관에서 처음으로 권촌문화는 군속단지와는 전혀 다른 것임을 깨달았다.

우선 대만 사람들에게 권촌이란 매우 짧은 기간에 밖에서 강제로 유입된 것이었다. 전후 대만의 주권은 일본으로부터 중화민국으로 되돌아왔으나, 국민당 정부가 대만에 들어와 현지 자원을 뺏는 등 만행을 저질러 대만 사람들의 분노를 사면서 1947년 '2·28사건'이 일어났다. 이 사건은 국민당 정부나 군대의 폭력성에 대한 상징으로 대만 사람들의 뇌리에 각인됐다. 그 2년 뒤 한꺼번에 몇만명의 국민당군이 대만에 몰려왔을 때 대만 사람들은 도저히 그들을 저 비참한 기억과 따로 떼어내서 받아들일 수 없었고, 환영하는 것도 불가능했다.

박물관에 그런 역사 기술은 없었다. 권촌 사람들과 현지 사람들의 융합이 얼마나 어려웠는지를 행간에서 읽어낼 수 있을 따름이었다. 주변 대만 친구들에게 듣자니 권촌은 외부와 거의 완전하게 유리된 작은 세계였으며, 내부 관리는 군대식으로 이뤄져 남편의 지위에 따라 아내들의 상하 관계도 결정됐다고 한다. 각 부문 지휘자의 아내는 저마다 권촌의 지도자가 됐다. 또한 일정 시기까지 아이들은 학교에 가는 것 외에는 외출이 금지돼 그 안에서 지낼 수밖에 없었다.

고급장교가 사는 곳은 따로 있었고 보통 군인이 사는 권촌은 생활조건이 열악했다. 급하게 대만으로 몰려왔기 때문에 병사와 가족은 폐기된 학교나 창고 등을 적당히 고쳐서 집을 지었다. 아무튼 권촌의 주택은 외형도 형편없고 질도 나빴다. 그래서 오늘날 현대화된 대만 도시 속에서 권촌은 눈에 띄는 존재다.

신주는 그 지리적·군사적 중요성 때문에 일본 식민지 시대에는 일본 해군의 기지였고 태평양전쟁 중에도 군사 요충지였다. 전후 최초에 이곳에 도착한 국민당 군인과 가족은 일본군이 남긴 병영이나 막사, 창고 등에 살았다. 좁은 곳에 많은 사람들이 생활해야 했다. 마지막으로 대만에 와 '다천섬 전투(大陳島戰鬪, 1955년 2월 중화민국 정부가 미국 제7함대 엄호 아래 저장성 타이슌섬臺順島 가운데 하나인 다천섬에 살던

2만 8천여명의 주민과 주둔군 전부를 대만으로 이주시킨 작전)'을 치른 사람들도 신주에 상륙했는데 그들은 당시 가장 좋은 처우를 받아 이들을 위해 훌륭한 권촌이 건립되기도 했다. 그러나 현재는 그것마저도 낡아빠져 곧 무너질 것만 같다.

권촌의 1세대 주민 중 하급병사의 경우 가족을 데려올 수 없거나 독신자도 있었기 때문에 현지에서 가난한 가정의 여성과 결혼하는 경우가 많았다. 2대째가 되면 현지 사람과 결혼하는 일이 더욱 많아져 권촌에서 생활하는 대만 여성도 늘어만 갔다. 이런 세대변화로 권촌도 조금씩 개방됐다. 권촌의 아이들도 바깥으로 나가 대만사회에 융화됐다. 반세기 이상 권촌을 둘러쌌던 어둡고 수상한 분위기도 서서히 걷혀간 셈이다.

*

그렇게 권촌문화는 세상 사람들에게 다른 면모를 보이게 됐다. 무엇보다도 음식문화가 두드러진다.

권촌이라는 폐쇄적 공간에서 군인의 아내들은 자기 손으로 만든 요리를 뽐냈다. 대륙 각 지방 출신의 아내들은 서로 고향의 맛을 활용해 융합성이 높은 요리를 계속해서 만들어냈다. 넓은 대륙의 다양한 향토요리는 이 특별한 공간에서 서로 교류했다. 그렇게 만들어진 다양한 요리는 권촌의 아내들이 만든 소박한 가게에서 차차 대만사회로 퍼져갔다. '권촌메뉴'의 평판은 좋았다. 대만의 중화요리는 권촌이라는 매개를 통해 독특한 성격을 형성했다. 아마 지금 고급 레스토랑부터 포장마차의 '샤오츠(小吃, 간단한 식사나 간식)'에 이르기까지 권촌메뉴의 영향이 상당할 것으로 생각된다.

권촌박물관 가까이에 검은 박쥐(黑蝙蝠, 헤이비엔푸) 중대(中隊) 기념관이 있다. 1952년에 생겨 1972년 해산한 공군특수부대의 기념관이다. 신주에는 공군기지가 지금도 있지만 예전에 여기는 '검은 박쥐 중대'의 거점이었다. 이 부대는 냉전의 엄혹한 시대에 미국에서 항공기나 기술이나 자금을 제공받아 미국을 위해 대륙이나 베트남을 대상으로 야간 저공비행을 해 정보를 수집했다. 검은 박쥐라는 말은 거기서 유래한다. 그들의 임무는 매우 위험했으며 대륙이나 베트남의 공격으로 140명 이상의 조종사가 목숨을 잃었다.

박물관에 진열된 사진이나 전시물은 냉전 시대의 용어로 설명돼 있다. 전시실에는 우리 말고 손님이 없었다. 안쪽 회의실에서 뭔가 행사를 하는 듯했는데, 때때로 큰 웃음소리가 들려왔다. 갑자기 안쪽에서 한 중년 남성이 나왔다. 동행한 젊은 친구가 나를 그에게 소개했다. 그는 대만 칭화대학의 사회학 연구자로 지금 베이징의 사회학자와

검은 빅쥐 중대 기념관에서 전직 장교와 기념사진을 찍었다. (사진: 저자)

공동연구를 한다고 했는데, 악수를 하며 그는 "두번 다시 저런 전쟁이 일어나지 않아야 되는데"를 연거푸 말했다. 게다가 그는 안쪽 방에서 건장한 노인을 불러 소개해줬다.

이 노인은 검은 박쥐 중대의 장교를 역임했고 진열품의 설명문에도 이름이 몇번이나 등장하는 사람이었다. 그는 허베이 출신으로 1948년에 고등학교를 졸업했지만 돈이 없어서 대학진학을 포기하고 당시 공군통신학교에 입학한 뒤 얼마 지나지 않아 대만에 왔다. 우수한 능력 덕에 공군 조종사가 됐고 그뒤 검은 박쥐 중대로 전속됐다. 친구는 목숨을 잃었지만 그는 운이 좋아 몇번이나 위험한 비행을 무사히 마쳤다고 한다.

114

노인은 내가 베이징에서 왔다는 걸 듣자마자 흥분해 베이징의 몇몇 지명을 거론하면서 그 풍광 등을 이야기하기 시작했다. "내 고향도 베이징에서 가까웠죠"라며 베이징 출신인 양 추억에 잠긴 표정을 지었다.

전시품의 반공 색채와 당사자였던 노인의 베이징 동경 사이에 큰 간극이 느껴졌다. 나는 기이한 느낌을 지울 수 없었다. 한순간 '회색 이데올로기'와 '녹색의 현실'이 눈앞에 전혀 무질서하게 병존하는 구도를 본 느낌이었다.

나중에 자료를 살펴보니 그 기이한 간극에 농축된 역사의 주름은 내 눈앞에서 점점 넓어져갔다.

국민당의 반세기 통치는 장 징궈(蔣經國) 후기에서 리 덩후이(李登輝) 시대에 걸쳐 어쩔 수 없이 고압적인 정책에서 '본토화'의 방향으로 전환됐다. 검은 박쥐가 속했던 시대는 국민당의 부끄러움으로 대만사회에 각인됐으며 민진당의 등장으로 봉인됐다. 장공묘의 할아버지도 검은 박쥐의 예전 장교도 인생 전반부를 자랑스레 이야기할 지반을 잃어버린 것이다. 예전 대만 본성인의 차가운 시선 때문에 암울하고 수상한 분위기에 둘러싸였던 '권촌'이 현재는 형편없이 낡아빠져 무너지기 일보 직전인 상태라는 사실, 이것이야말로 이런 굴절된 역사를 상징하는 것 아닐까?

그런데 권촌은 현재 대만사회의 일부가 돼, 권촌 출신 3대 혹은 4대 아이들은 이제 대만 사람으로서 할아버지 세대와는 전혀 다른 생활 목표를 세우고 있다. 또한 개축으로 권촌이라는 공간이 없어지고 있다. 듣자니 일부 권촌의 개축은 주민 저항으로 난항을 겪고 있다고 한다. 이 저항은 거처를 빼앗길지도 모른다는 불안이나 정체성 문제 등에서 비롯한 것으로 '권촌문화를 보존하라'는 호소에 집약돼 있다. 그들이 말한 권촌문화란 도대체 무엇일까? 그것은 예전 장교나 장공묘 할아버지의 현재 생활감각과 어떻게 연결돼 있을까?

격동의 중국 현대사가 삶을 송두리째 뒤흔든 사람들의 운명. 나는 신주에서 새삼 그것을 실감했다.

진먼
이야기
2011. 2

　진먼(金門)은 대만 사람에게도 대륙 사람에게도 신비로운 섬이다.

　행정적으로 진먼은 대만에 속한다. 지리적으로 진먼은 푸젠성(福建省) 샤먼시 동남쪽에 있다. 진먼에서 배를 타고 샤먼 측 우퉁항(五通港)까지는 30분도 걸리지 않는다. 그러나 타이베이에 갈 때는 비행기로 한시간가량 걸린다. 진먼의 서북 해안에 서서 바다 저쪽을 보면 샤먼의 고층빌딩이 뚜렷하게 보인다. 저녁 때 태양이 서서히 바다로 저물어가고 마지막 빛이 조용히 사라지면 샤먼 쪽은 신호라도 받은 듯이 고층빌딩의 조명이 어둠에서 빛나기 시작한다. 맑게 갠 날 저녁이면 대만 본토에서 온 관광객이 진먼의 특정 장소에 모여 석양과 샤먼의 빛 릴레이를 즐겁게 카메라나 비디오에 담는다.

*

그런데 18년 전까지 이런 광경은 없었다. 1992년까지 진 먼은 국민당의 군사통제하에 있었기에 자유롭게 관광할 수 있는 곳이 아니었다. 1949년 국민당군이 이곳까지 퇴각했을 때 인구 10만명 미만의 이 작은 섬에 10만명의 군대가 주둔하게 됐다. 1949년과 1958년, 두번의 격렬한 전투를 겪은 뒤 20년 동안 이 섬은 계속해서 전쟁상태였고 그뒤에도 군사통제가 1992년까지 이어졌다. "대륙으로 반격하라"라는 슬로건하에 진먼이라는 아름다운 섬은 전쟁의 보루로 변신하고 말았다.

1958년부터 20년간 진먼은 대륙으로부터 '격일포격(隔日砲擊)'을 받았다. 이틀에 한번, 저녁부터 포탄이 폭우처럼 쏟아졌다. 훗날 진먼 사람들은 이를 '단타쌍불타(單打雙不打, 홀수 날에는 포격이 있고 짝수 날에는 포격이 없다)'라 불렀다. 대륙의 포탄은 처음에 살상력이 있는 실탄이었지만 시간이 지나 살상력이 없는 '선전포탄(宣傳砲彈)'으로 바뀌었고 화약 대신 선전용 팸플릿이나 삐라 등이 포탄에 실려 날아왔다. 진먼 쪽에서도 대륙을 향해 포탄을 쐈는데 짝수 날에 이뤄진 모양이다.

＊

나는 몇몇 친구들과 함께 진먼을 방문해 이 역사를 추적해보고 싶었다. 현지 사람의 안내로 우리는 진먼의 전쟁유적을 견학했다. 1958년 이래 진먼의 민중은 포격을 피하기 위해 당국의 명령에 따라 여러개의 지하도를 팠다. 피난용 지하도는 도처에 있었고 그중에는 거의 2킬로미터에 달하는 것도 있었다. 군대가 만든 전투용 터널은 비교적 넓었지만 민간인용 지하도는 좁았다. 당시에는 전기를 끌어올 수 없었기 때문에 지하도에서는 석유램프를 쓸 수밖에 없었는데, 좁고 긴 터널 속에서 환기도 못하는 상황이라서 조명은 일절 금지됐다. 암흑 속에서 격렬한 포격 소리를 듣는 일은 진먼 사람들에게 일상다반사였던 셈이다.

우리도 관광용 지하도로 안내를 받아 체험해봤다. 좁고 긴 터널은 한 사람 정도만 지나다닐 수 있다. 천장이 낮은 곳에서는 등을 굽혀 걸어야 했다. 그렇게 앞으로 가는 동안 조명이 꺼져 지하도는 깜깜해졌다. 그리고 스피커에서 공포스럽기 그지없는 포격 소리가 흘러나왔다. 전방에 빛은 없고 후방도 암흑이다. 시간이 멈춰선 것 같았다. 그런 암흑 속의 좁디좁은 공간, 그리고 옅어져만 가는 공기. 아무리 많은 사람들과 함께라도 극도의 고독이나 공포를 느낄 수밖에 없었다.

진먼 민중 사이에서 가장 심한 욕은 "처음 한발에 맞아라"였다고 한다. 포격에 익숙한 사람이라도 처음 한발째 포탄은 매우 위험했기 때문이다. 그날의 포격 범위는 첫번째 포탄이 떨어진 장소, 떨어진 방식, 뒤이은 포탄과의 관계 등으로 대충 판단될 수 있지만 처음 한발만은 누구도 판단할 수 없었던 것이다.

진먼대학의 한 연구자는 푸젠성 샤먼과 취안저우(泉州) 사이의 연안에서 현지 농민끼리 다투는 걸 봤는데 진먼에서와 똑같은 욕을 들었다고 한다. "처음 한발에 맞아라." 진먼의 포격도 마찬가지로 샤먼 측 민중생활의 일부를 만들어낸 셈이다.

이것도 들은 이야기인데 진먼에는 정신병을 앓는 사람이 많았다고 한다. 긴장된 생활, 눈에 보이지 않는 공포감, 이 모두는 진먼 사람들 중 특정 세대에게 어두운 그림자를 드리우고 있었다. 치료 조건이 정비되지 않았던 탓에 진먼의 정신병자는 이 아름다운 섬의 상징이 됐다. 최근까지 주변부 마을에 가면 이런 환자들이 갑자기 튀어나오는 일이 종종 있었다고 한다.

*

오늘날에도 진먼은 그다지 현대화되지 않았고 오히려

소박한 면모가 보존돼 있다. 마을에는 전쟁유적 이외에 민난(閩南, 푸젠 남부의 별칭)풍의 가옥이 눈에 띈다. 이 섬은 예부터 외지로 돈벌이 나간 화교가 많아 싱가포르나 말레이반도에서 돈을 번 뒤 고향에 큰 가옥이나 종묘(宗廟)를 세웠다. 도처에 지붕이 제비꼬리같이 아름답게 하늘을 찌르는 집을 볼 수 있는데, 그런 훌륭한 집과 쓰러지기 일보 직전의 집이 잡다하게 공존하며 마을의 풍경은 무질서하다. 그런데 아무리 무질서해도 종묘는 모두 훌륭하다.

이런 잡다한 풍경에도 역사의 유구한 색채가 곳곳에 드러난다. 중심부 마을에는 주자묘(朱子廟, 주즈먀오)가 있다. 주자묘 벽에 진먼의 역대 박사 이름이 열거돼 있다. 1960년대 사진을 보면 주자묘는 현지의 국학강좌나 서예교실 등의 장소로 등장한다. 주자묘에서 조금 걸어서 허우푸(後浦)라는 번화가에 발을 내딛으면 청대 강희제(康熙帝) 때 만들어진 '총병서(總兵署, 쫑빙수)'라는 웅장한 민난식 건축군이 있다. 크고 오래된 수목이 마당의 세월을 이야기해주며, 위압감으로 가득한 본채는 역사의 엄혹함을 체현하고 있다. 이곳은 청조의 변경을 지키는 데 중요한 기관이었으며, 국공대립 시대에는 진먼방위사령부 등의 소재지였다. 오늘날 이 고색창연한 건축군은 관광용으로 변했지만 시끄러운 관광객들은 침묵하기 쉬운 역사의 변천과 접점이 없는 듯하다.

총병서는 번화가 한가운데 있다. 번화가에서 식사할 곳을 찾으면서 우리는 여러가지를 발견했다. 진먼의 유명한 식칼이나 검 가게가 있었다. 안에 들어가보니 금속 포탄의 껍데기가 진열돼 있지 않은가. 모두 '단타쌍불타'의 유물이다! 점원은 포탄 껍데기 하나를 보여줬다. "이건 선전포탄이에요. 속에 삐라가 들어 있어 폭발은 하지 않지만 떨어지면 저절로 깨져 삐라를 뿌리죠. 이것 하나로 식칼 60개는 만들 수 있어요." 이 가게 제품의 원료는 모두 포탄 껍데기였다. 대륙에서 온 관광객은 식칼을 제일 좋아하며 많이 사간다고 한다.

식칼가게 근처에 마오의 초상화가 걸린 '구 진먼회구관〔老金門懷舊館〕'이라는 음식점이 있다. '마오 쩌둥 밀크티'라는 진먼 고량주를 넣은 밀크티는 이곳 명물이다. 가게 간판에는 '양안공치(兩岸共治)의 평화를 맛보자'는 매우 정치적인 제언과 '경쾌하게 생활을 향유하자'는 소비를 권유하는 말이 나란히 쓰여 기묘한 혼합 효과를 만들어내고 있었다. 저만큼의 무거운 역사가 이곳에서는 이제 '회구(懷舊)'의 대상이 되고 있다! 짧은 순간에 나는 이 엄청나게 농축된 역사에 압도당해 현기증이 날 정도였다.

2009년 2월 진먼과 샤먼이 대치했던 시대의 양안 군사 지휘자였던 후 렌(胡璉)과 예 페이(葉飛) 장군의 딸들인 후 지제(胡之潔)와 예 샤오난(葉小楠)이 샤먼에서 처음 대면

했다. 중년이 된 그들의 악수는 역사적 화해의 상징으로서 『샤먼르바오(廈門日報)』에 보도됐다. '평화를 맛보자'라는 구 진먼회구관의 제언은 소3통(2001년부터 샤먼과 진먼을 포함한 지역에서 이뤄진 소규모 통항·통상·통우)의 실험에 기초해 함양된 민중의 염원을 가장 극명하게 나타내는 것이리라.

*

진먼의 소3통 문호인 '수이터우(水頭)'라는 항구 근처에 진먼 출신의 젊은 여성 양(楊) 씨가 경영하는 민박집이 있다. 우아한 미소로 우리를 맞이한 양 씨는 영국에서 유학한 법학 전공 인텔리였다. 이 민난풍의 여유로운 민박은 '만만민숙(慢漫民宿)'이라는 기묘한 이름이다. 그 유래를 묻자 여기서 편하게 즐기고(慢), 천천히 낭만적 감각(漫)을 키우라는 의미라고 한다. 아무튼 고량주 말고는 제조업이 없는 이 섬은 군사교련의 사격음을 빼면 속세의 오염이 없다. 게다가 호적 수보다 거주 인구가 훨씬 적은 환경은 휴양에 딱 맞는 곳이라 할 수 있다. 지금도 진먼의 군대는 소수이지만 남아는 있어 군사교련도 하나 전투는 이제 없다. '탈군사화'라는 프로세스는 아마도 이런 민박에서 시작된 것 같다. 수이터우 근처 촌락에 '박사의 집'이라는 민박이 있다. 마당을 엿보니 타이베이에서 정년을 맞이한 군사공학

진먼 해안에 많이 설치돼 있는 '방강봉(防降棒)'. 지금은 굴이 붙어 있다. 적의 하강은 한번도 없었지만, 진먼의 어민은 이것 때문에 이따금 부상당했다고 한다. (사진: 저자)

연구자 남성이 열심히 청소를 하고 있었다. 일부러 대만에서 이곳까지 온 이유는 "돈벌이가 아니라 취미"라고 한다.

진먼을 떠나는 그날 오전 나는 근처 '샤오진먼(小金門)'이라는 떨어진 섬에 배로 건너갔다. 주민이 적은 이 작은 섬을 자전거로 다니며 유명한 습지 쪽에서 희귀한 물새를 보는 것이 일반적인 관광코스라고 했다. 습지에서 카메라 셔터 소리와 거의 동시에 어딘가의 군사연습 사격 소리가 들렸다. 그런데 익숙한 탓일까 물새는 전혀 반응하지 않았다. 크고 작은 진먼(大金門·小金門)을 둘러싼 해변에 전쟁 시대의 지뢰가 대량 묻혀 있다. 그 지뢰의 제거작업은 지금도 이어지고 있다. 해변가 바다에는 예전에 적 공군의 낙하 부대를 막기 위한 '방강봉(防降棒)'이 빽빽이 세워져 있었다. 이 철근 콘크리트의 막대기가 낙하산을 찔러 낙하 부대를 행동 불가능하게 만드는 것이다. 그러나 실제로 이런 전투가 일어난 적은 없다. 폐기된 방강봉에는 굴이 붙어 현지 사람들에게는 최고의 굴 채취 도구가 됐다. 진먼의 명물 중 하나는 굴 요리다.

대만과 대륙의 역사서에는 전장과 공생하는 굴이나 물새에 대해서는 한줄도 적혀 있지 않을 것이다. 그러나 진먼의 민중에게는 이것이야말로 생활 그 자체다. 나는 전날 기념 삼아 포탄으로 만든 작은 칼을 샀는데, 그것을 보면서 '평화란 무엇인가' '변경(邊境)이란 무엇인가'를 생각하고 있었다.

리그와
하그
2011. 4

리그는 개 이름이다. 주인은 내 친구 자오 강(趙剛) 씨다.
아니 그가 주인이라기보다는 리그가 자오 씨의 한 가족이
다. 리그는 대만 토착종으로 늑대와 닮았는데 성격은 전혀
공격적이지 않다. 처음에 자오 씨의 집을 방문했을 때 리
그는 오랜 친구와 재회한 듯이 꼬리를 깃발처럼 흔들며 나
를 맞아줬다.

자오 씨는 대만 둥하이(東海)대학의 사회학자로 집이 대
학의 넓은 캠퍼스 안에 있다. 녹색으로 가득한 원시림 속
에 2층짜리 숙소가 흩어져 있고 개를 키우는 집이 많다. 아
침저녁으로 개를 데리고 산책하는 사람들은 서로 인사하
고, 개들도 서로 자기들 말로 인사하거나 싸우거나 하는
모양으로 캠퍼스는 화기애애한 풍경을 연출한다.

리그도 산책할 필요가 있다. 하지만 같이 산책하는 일은 쉽지 않다. 집을 나서기만 하면 분주하기 때문이다. 길바닥의 여러 냄새를 맡으면서 자기 영역을 표시한다. 때로 마음에 드는 냄새와 마주하면 킁킁댄 뒤, 웃는 표정으로 추정되는데 입을 열고 이빨을 드러내어 '하하' 소리내면서 유쾌하게 감탄한다. 이런 리듬으로 움직이는 리그는 당연히 격렬하게 속도를 바꾸기도 한다. 때론 빨리 뛰고 때론 전혀 움직이지 않는다. 함께 산책하는 주인과 개가 각자 자유롭게 움직이면 되지만, 문제는 결코 애완견으로 보이지 않는 리그의 겉모습을 무서워하는 사람들을 배려해 자오 씨가 언제나 리그의 목에 굵은 밧줄을 묶어 통제하려는 데서 비롯한다. 자오 씨와 힘이 센 리그는 언제나 씨름을 하는데 리그는 결코 주인의 리듬에 맞추지 않으며, 자오 씨는 타협하면서도 리그를 통제하려 한다. 옆에서 이런 싸움을 보고 있으면 그것만으로 지칠 수밖에 없다.

산책 도중에는 다른 개와 만난다. 리그는 아마 애완견끼리의 예의범절을 아직 모르는 것 같다. 인사해야 할지 말아야 할지 머뭇거리는 사이에 항상 저쪽에서 이야기를 걸어온다. 잘 보면 작은 애완견은 리그에게 살갑게 다가가 냄새를 맡는다. 그리고 꼬리를 흔들며 즐겁게 무언가 말을 건다. 리그도 우호적으로 답하면서, 그러나 다소 곤혹스러운 듯 '너희도 개인 거니?'라는 표정을 짓는다.

그러나 가끔 리그는 비슷한 크기의 서양 개와도 만날 때가 있다. 그럴 때면 서양 개는 도발적으로 짖는다. 리그는 이해할 수 없다는 표정으로 뒤로 물러나 될 수 있으면 문제를 일으키지 않으려 한다. 리그의 표정은 누가 봐도 "길도 넓은데 왜 나를 공격하는 거지"라며 망설이는 듯 보인다. 서양 개는 짖으면서 계속 리그를 위협한다. 그러면 리그는 그제야 결단한다. 리그도 이빨을 내보이고 짖으면서 상대를 공격한다. 양쪽 주인 모두 싸움에 휘말려 온 힘을 다해 개끼리의 전쟁을 멈추려 한다. 이런 싸움은 반드시 리그의 승리로 끝나기 때문에 리그는 행동의 자유를 빼앗기고 만다. 무서운 개라고 불리면서 말이다.

무서운 모습의 리그에게는 서양 개에게는 없는 생활의 지혜가 있는 듯하다. 여름이 되면 독사가 종종 주택에 침입한다. 매년 독사에게 도전했다가 죽는 서양 개가 반드시 있는데, 리그는 그런 쓸모없는 모험을 하지 않는다. 리그는 소방대원이 올 때까지 격렬하게 짖지만 결코 독사를 공격하지 않는다. 대만 개에게는 독사와 대치하는 기술이 있다고 한다.

리그는 언제나 자오 씨네 입구 옆 개집에 있다. 자오 씨가 항상 바쁘기 때문에 산책 나갈 수 있는 것은 아침저녁의 짧은 시간이다. 리그와 함께 언제 무슨 일이 생길지 모르는 이런 운동을 할 수 있는 것은 자오 씨뿐이다. 그럼에도 자오 씨는 리그를 훈련시켜 순화할 마음이 없어 보인다.

내 방문으로 리그에게는 새로운 희망이 생긴 듯했다. 나를 보자마자 바로 그 가능성을 타진해왔다. 내가 혼자 외출하려고 하면 끈으로 묶여 있던 리그는 정면에서 나를 가로막아 눈을 보고 꼬리 치면서 사람처럼 뒷발로 선 채 앞발로 내 발이나 허리를 안는다. 그 센 힘에 놀란 나는 마음속으로는 리그를 동정하면서도 도저히 데리고 산책할 수 없다는 사실을 인정해야 했다.

*

리그의 '유래'를 자오 씨에게 묻자 "두목 하그가 붙여준 거야"라고 말한다.

하그는 대만 동부지방 퓨마(卑南)족 부락의 수령이다. 퓨마족은 총인구가 만명이 안 되는 부족으로 원주민(토착 소수민족) 중에서도 그렇게 큰 부족은 아니다. 하그의 부락은 타이둥(台東) 평지에 있어 한족과 교류하고 있다. 퓨마족은 모계씨족이라고들 하지만 하그는 인정하지 않는다. 그가 수장이니 말이다.

퓨마족의 두목은 세습하며 하그도 태어날 때부터 두목이 되기로 결정돼 있었다. 그런데 그의 세대쯤 되면서 두목은 그렇게 높은 지위를 차지하지 못했고 부락은 '현대화'됐다. 젊은 사람들은 돈을 벌러 외지에 나가 한족과 사귀고 생활양식도 서서히 한족화됐다. 부락 축제도 관광용으로 형식화돼 두목의 역할도 의례화됐다. 그렇게 하그는 자력으로 생활하면서 퓨마족 전통을 어떻게 지킬까 고민해왔다. 그는 조각으로 선조의 문화전통을 계승할 것을 결심하고 특별한 훈련도 없이 목조(木彫)를 시작했다.

타이둥지방에는 '표류목'이라는 목재가 많다. 이것은 대만의 독특한 지형에서 비롯한 소중한 목재다. 이 섬 한가운데를 웅장한 산맥이 종단하고 최고봉인 위산(玉山)은 해발 3951미터나 된다. 산맥은 태풍이나 계절풍을 가로막아 큰비를 내리게 하기 때문에 험난한 산에서 내려오는 급격한 강물에 토사와 함께 원시림의 나무까지 평원으로 실려온다. 하그는 이 격한 자연의 선물을 주워 조각을 만들어 퓨마족의 생활이나 존엄을 지탱하고 있는 것이다.

하그의 작품에는 독특한 풍취가 있다. 전문가와 달리 그에게는 설계도가 없다. 그저 목재를 깎아, 마치 처음부터 나무에 살고 있었던 게 아닌가 싶은 인간이나 동물을 드러내듯 조각한다. 생생한 조형이 '자연스럽게' 완성되는 것 같다. 하그의 작품은 퓨마족의 수렵, 경작, 생활양식을 나타내고 그들의 왕성한 생명력을 찬미한다. 그의 작품에는 퓨마족 신화를 소재로 한 것이 많다. 그중에는 표범 이야기도 있었다. 퓨마족 말로 표범이 바로 리그다.

어린 시절의 리그(가까운 쪽). (사진: 저자)

하그의 작품은 처음부터 대만 미술계 에이전트의 주목
을 받았다. 그는 하그의 개인전을 기획해 작품을 팔고, 더
주문하기로 했다. 하그를 보통 조각가가 밟는 코스대로 키
워내려 한 것이다.

그러나 하그는 협력하지 않았다. 그는 자기 조각은 선조
의 혼에 보고하기 위해 만드는 것이지 팔려고 만드는 것
이 아니라고 생각했다. 하그는 자기 가치관을 고집해 에이
전트의 여러 노력에 냉담하게 대응했다. 싱가포르 리 콴유
(李光耀) 총리가 대만을 방문했을 때 우연히 하그의 조각
을 보고 갖고 싶다고 말했다. 정부 관료가 하그에게 높은

가격으로 주문하려 했다. 그런데 하그는 자기 의사에 따라 답했다. "리 콴유 씨가 내 작품을 마음에 들어 해준 것은 기쁩니다. 하지만 판매는 안 합니다. 국민외교로 그를 우리 집에 초대해 직접 선물하고 싶습니다. 당신들 손을 거치지 않아도 됩니다." 결국 이야기는 이것으로 없던 일이 되고 말았다.

젊은 세대 원주민 조각가와 달리 시장원리에 따르지 않는 하그는 팔리지 않는 예술가가 됐다. 그의 아내도 생활비를 벌기 위해 호텔 식당에서 일한다. 하지만 그는 전혀 신경 쓰지 않는다. 자기 마당에 미술관을 만들어 열심히 창작활동에 집중하고 있다. 그의 마당은 건물까지 포함해 전부 손수 만든 미술품으로 가득하다. 그리고 이 마당은 연중무휴 모든 사람에게 개방돼 있다. 물론 입장료는 없다.

자오 씨가 하그에게 받은 영향은 보통이 아니었다. 자오 씨와 화가인 그의 아내는 하그를 깊이 이해하며 하그의 철학에 따라 사는 것처럼 보였다. 사회과학자인 그는 인류학의 방법으로 『두목 하그』라는 훌륭한 책을 출판했을 뿐만 아니라 하그의 시각으로 자기네 인생까지 설계하고 있는 것 같았다.

*

자오 씨에 따르면 하그는 욕망이 넘쳐나는 이 세계를 리
그처럼 평온하게 바라본다. 평소 그는 자기가 찬성할 수
없는 가치관에 대해 결코 드러나게 반대를 표명하지 않고
그저 노안용 안경을 통해 차가운 눈으로 상대를 응시할 뿐
이다. 그러나 존엄이 상처 입었다고 느낄 때는 결코 양보
하는 일 없이 마지막까지 싸운다. 젊은 시절 그는 군인이
었다. 한족인 상관에게 차별을 당했을 때 작은 체구의 그
는 분기탱천해 덩치 큰 상관을 쓰러뜨렸다고 한다.

대만 총인구는 2200만명이며 원주민은 그중 30만명 전
후다. 원주민 차별 문제는 지금까지도 해결되지 않았으며
민진당 시대부터 지금까지의 정책은 이 문제를 심화할 따
름이었다. 대륙과 대립하는 가운데 원주민의 혈통을 대만
독립을 위해 이용하려는 독립파도 있는데, 이들은 대만인
이 대륙인과 인종적으로 다르다고 주장하며 압도적 다수
의 대만인이 원주민 혈통임을 입증하려 한다. 하지만 현실
에서 원주민은 거의 사회 주변부에 위치한다. 현대적 시장
경제에 좀처럼 적응하지 못하기 때문에 그들은 거의 한족
에게 고용되어 생계를 꾸린다. 1949년 대만에 밀려들어온
국민당군 중 하급병사는 대만에서 차별당할 운명에 던져
진 채 원주민 여성과 결혼한 사람이 많다. 아이러니하게도

그 결과, 원주민과 대륙 사이의 연결고리도 생겼다.

하그는 자신의 사고방식을 이런 현실 때문에 거두어들이지 않았다. 그는 고집스레 시대의 흐름에 맞지 않는 꿈에 집착한다. 선조의 존엄이나 영광을 후대에 전달하는 것이 그의 유일한 보람이다. 그의 인생은 이 가치관을 기초로 전개되며 말도 생각도 주류 이데올로기를 소비하지 않는다.

원주민 중에는 1949년 이후 국민당 시대에 개신교나 가톨릭 신자가 된 사람도 많다. 전도사는 서양에서 온 종교가 세계적으로 유력하며 마이너리티인 원주민은 자기 조상신앙만으로는 현세의 생활을 지키지 못할 것이므로, 이 세계종교에 입신하는 것이 안전하다고 설득했다. 그렇게 대만 원주민 부락에 교회 십자가가 눈에 띄는 풍경이 몇십 년 동안 지속됐다.

그런데 하그의 부락은 예외다. 그는 개신교나 가톨릭을 거절했다. 이 두 교회가 원주민 사이에 분열을 만들고 세계종교라 떠들면서도 결코 관용적이지 않다는 이유에서였다. 그는 두목의 권력을 행사해 일관되게 선조에게서 온 것 이외의 어떤 종교도 거절하고 있다.

하그는 현대세계의 진정한 다원적 존재방식을 자기만의 방식으로 창출했다. 그것은 결코 중심에 대한 주변=마이너리티가 아니라, 중심에 동화되지 않는 '자아'의 실존

방식이다.

하그가 키운 리그도 개이지만 알고 있는 듯했다. 자오 씨가 그런 리그를 훈화하지 않는 것도 가치관에 기초한 선택일 것이다. 하그, 리그, 자오 씨로부터 나는 많은 시사점을 얻었다. 근대를 견뎌 살아남는 방법은 결코 포스트모던만이 아니다. 하그의 철학은 원주민을 포함한 현대인에게 다른 가능성을 제공한 것 아닐까?

셰 잉준 씨의
건축
2011. 6

셰 잉준(謝英俊) 씨는 대만 건축가다. 그는 건축가이면서
도 건축을 뛰어넘는 무언가를 가졌다. 사상사 연구자인 나
와 대화가 성립한 것도 그런 이유에서다.

올해 초 대만에 체류했던 나는 남부의 산 속에서 부능족
(布農族)의 신축 기념 축하연에 참가했다. 작년 태풍으로
인한 홍수로 집을 잃은 촌민들의 가설 주택 완공을 기념해
열린 것이었다. 이 주택을 셰 씨가 설계했다.

셰 씨의 건축에는 기본적인 패턴이 있다. 그는 그것을
'원형(原型)'이라 부른다. 가벼운 금속 지주로 간소한 삼각
형 지붕을 조립한 뒤 그 아래에 어도비(adobe, 짚을 섞은 점토
를 말려서 만든 벽돌)로 벽을 만들어 거기에 문과 창문을 금속
과 유리로 만들어 끼우는 것이다.

이 가설주택은 산기슭 마을에서 다소 떨어진 언덕 위에 있다. 밭으로 된 비탈에 둘러싸여 산기슭으로 이어지는 길이 길게 뻗어 있다. 빽빽이 들어선 '셰 씨 건축' 옆 공터에서 낙성전례(落成典禮, 건축물을 완성한 뒤 하는 굿)가 열렸다. 정부관료, 현지 수장, 자원봉사자 대표 등이 눈에 띄는 곳에 나란히 앉은 뒤 헌사, 의식, 부눙족 고유의 여덟자락 노래, 그리고 대만 원주민 특유의 기독교 예배가 이어졌다. 그런데 정작 중요한 셰 건축가의 모습이 보이지 않았다. 지금 중국 대륙에 있다고 했다.

기념식 마지막을 장식한 것은 연회였다. 그저 구경꾼에 지나지 않았던 나도 친절한 마을 사람들에게 초대됐다. 연회에서는 돼지 한마리를 통째로 숯불에 굽고 있었다. 본 적도 없는 부눙족 고유의 음식도 한족의 평범한 요리와 함께 준비됐다. 마을의 젊은 여성들은 손님들 앞에서 우아한 춤을 선보였다. 마을 사람들은 바쁘게 손님들을 대접했고 감사의 마음을 전했다. 잠시 이야기를 듣는 사이에 알게 됐는데, 이 가설주택의 낙성전례는 마을 사람에게 단순히 '살 곳이 생겼다'는 의미만이 아니었던 것 같다. 한 중년 여성은 나에게 음식을 주면서 "여러분의 선전 덕분에 우리 상황이 사회에 알려졌어요. 고마워요! 마을이 살아남을 수 있게 됐어요"라고 했다.

나는 곁에 있던 자원봉사자에게 이 말의 의미를 묻고 겨우 상황을 이해할 수 있었다. 작년 태풍 뒤에 정부는 마을의 산기슭이 산사태를 일으킬 위험이 있다는 이유로 이 마을을 없애고 사람들을 강제로 이전시키려고 했다. 이전할 곳은 평지에 있는 도시 주변이었는데, 거기에 종교단체가 '박애주택(博愛住宅)'이라는 것을 만들었다. 박애주택은 가설이 아니라 계속 살 수 있는 '영구주택'이었지만 종교단체의 색채가 강해 거주하는 사람들은 담배와 술을 금지당했으며, 원주민 생활양식을 상당 부분 제한받아야만 했다. 뿐만 아니라 박애주택에 입주하는 사람들은 산에서 하던 생활수단을 잃고 도시에서 돈벌이를 할 수밖에 없게 된다. 이렇게 마을은 두개로 분열됐다. 한편에서는 마을을 포기하고 박애주택으로 이주하자고 했으나, 다른 한편에서는 그것을 거부하고 마을에 남기로 했다. 그러나 거부를 택한 마을 사람들에게는 정부의 이전 정책에 맞설 나름의 대응책이 필요했다.

그것이 셰 씨의 가설주택이다. 이 가설주택은 농사를 짓기 위해 올라가는 곳에 지어졌는데, 거기는 홍수가 일어났을 때의 피난장소이기도 했다. 이곳이라면 마을을 포기하지 않고도 생활할 수 있었다. 종교단체의 영구주택과 달리 이 가설주택은 마을 사람들의 의사에 따라 만들어졌다. 그리고 원주민이 자기 권리를 지키는 싸움의 매개가 되기도 했다.

도시화가 진행되면서 부눙족 사람들은 전통적인 수렵 생활이 불가능해졌고 농경생활을 영위할 수밖에 없었다. 그러나 그것만으로는 충분하지 않았기 때문에 그들은 마을을 통과하는 국도 곁에 가게를 내어 운전기사를 상대로 장사를 했다. 그래서 박애주택으로 들어가거나 산 속으로 이사를 하면 이런 생활수단을 잃어버릴 위기였다. 이주를 강제하는 정부에 대항하기 위해 원주민들은 자원봉사자들과 협력해 셰 잉준 건축가가 설계한 가설주택이라는 피난 장소를 만들어 마을의 일상생활을 확보할 수 있었다.

*

이 가설주택에서 나는 셰 잉준 씨의 건축과 처음 만났다. 이 만남을 통해 나는 건축의 '정치성'을 처음으로 체감했다.

대만에서 셰 잉준 씨의 작업은 주로 원주민을 대상으로 전개돼왔다. 최근 지진이나 태풍이나 홍수 등이 빈번하게 발생해 원주민 피해가 눈에 띄게 늘어났다. 셰 잉준 씨 팀의 작업장은 피해 발생에 맞춰 대만 섬 안을 여기저기 이동한다. 지금 그들은 대만 중부에서 남부로 옮겨 자기들의 공장까지도 가설주택처럼 만들었다. 꽤 큰 마당에 가벼운 구리 기둥과 방수포로 사무실을 마련했다. 설비는 간단하지만 매우 기능적이다. 나는 이 2층으로 된 사무실 건물을 방문했다. 넓은 1층은 설계사들의 작업장으로 간소한 책상에 컴퓨터나 자료 등이 올려져 있었고 몇몇 사람들이 바쁘게 일하고 있었다. 사다리로 2층에 올라가니 의외로 텐트 몇개가 있었다. 대만 남부는 온난해서 창문에 해당하는 부분에는 비닐을 붙였을 뿐이었다. 계속 여기에 있을 것이 아니기에 간소한 작업장은 합리적으로 보였다. 뿐만 아니라 이렇게 간소한 생활을 하는 셰 잉준 씨 팀의 생활감각에도 놀라움을 느낄 수밖에 없었다.

나중에 함께 일하는 이들을 데리고 일본 시찰을 가는 길에 셰 잉준 씨 부부는 대만 북부 신주(新竹)를 경유하면서 나를 식사에 초대했다. 이때 처음으로 이들과 제대로 대화를 나누었다.

예전 문혁 시기 나는 둥베이지방으로 '하방'당했다. 그때 둥베이 농촌에서 나는 농민들이 만든 어도비 집에 살았다. 농민들은 벽 재료로 흙을 마련한 뒤 기둥이나 지붕용 목재를 사서 서로 협력해 집을 짓는다. 그런 방식은 가난한 마을을 빼고 지금은 찾아볼 수 없다. 농촌에서도 도시와 마찬가지로 전문 건축회사가 시장경제 법칙에 따라 집을 짓기 때문이다. 재료도 어도비 등 자기 손으로 만드는 것에서 벽돌이나 콘크리트로 바뀌었다고 한다.

셰 잉준 씨는 이 '근대화'의 흐름에서 조금 벗어나 있다.

쓰촨성 마오현(茂縣) 양류촌(楊柳村)의 재건 현장. 셰 잉준 씨가 설계하고 촌민이 건설을 담당했다. (사진: 정 쿵쿵鄭空空)

그는 간단하지만 실용성으로 가득 찬 집 짓기를 고집한다. 정밀한 부분만 소수 전문기사에게 맡기고 그외는 전부 비전문가의 손으로 짓는다. 그런 집은 비용이 낮고 지진 등 재해 때도 철근 콘크리트 집보다 안전하다고 한다. 대만 원주민이 주로 사는 산간지역은 이런 집 짓기 방법을 받아들였고 대륙의 농촌에서도 그의 건축에 흥미를 보인다. 쓰촨대지진 이후 피해지역 복구작업에서 셰 씨 건축은 대활약했다.

그런데 셰 잉준 씨의 건축은 내가 경험한 둥베이지방의 건축양식과 달리 분명히 '현대적'이다. 그는 정밀한 설계와 비전문가의 솜씨 사이에서 오는 모순을 해결하기 위해 여러 궁리를 했다. 그 요령은 전체적인 정밀함과 부분적인 자유로움 사이에 조화를 꾀하는 것이다. 예를 들어 금속 지주의 길이는 정확하게 정해지지만 그것을 어디에서 이을지는 자유롭다. 이런 조화를 이루기 위해 건축의 '세부'는 가급적 단순해야 하는 게 당연하다. 세부에 대한 셰 잉준 씨의 집착은 분명 현대적이지만 필요 이상의 고집은 의도적으로 버렸다. 이런 미의식은 어디에서 비롯했을까?

셰 잉준 씨 팀의 일꾼들은 대만 남부 공장에서 건축용 부품을 만들고 있다. 그들은 기술을 가진 일꾼이 아니라 할 일이 없던 실업자들이었다. 이 공장에서는 나이가 꽤 많은 사람도 일할 수 있다. 셰 씨 건축의 특징 덕분에 그들은 모두 훌륭한 결과를 냈다. 일이 없을 때 일꾼들은 채소나 돼지나 닭을 길러 자기들 손으로 생활의 질을 향상시킨다. 이런 팀이 잘 굴러가기 위해서는 당연히 지금 건축의 시장원리와 다른 어떤 요소가 필요하다.

흥미로운 사실은 셰 잉준 씨의 건축이 종종 포스트모던으로 간주되는 일이다. 그는 복잡하고 예술적인 조형 건물을 왕왕 만드는데 대나무, 풀, 나뭇가지, 흙 등 자연에서 바로 얻을 수 있는 소재를 이용하려 노력한다. 그 건축이 체현한 '상식 바깥'의 발상법은 포스트모던 예술의 정신에 가까울지 모르지만 셰 잉준 씨가 뜻한 바는 아니다. 그는 하층 노동자의 소박한 생활이나 노동 양태 속에서 건축의 장래를 찾고 싶었을 뿐이기 때문이다.

*

    동일본대지진이나 쓰나미, 그리고 후꾸시마(福島)원전 문제가 일어난 올해(2011년) 3월, 셰 잉준 건축전과 그것을 중심으로 한 포럼이 베이징에서 열렸다. 대만에서 막 돌아온 나도 초대받았다. 그 포럼의 주최자는 미국의 어느 연구센터 베이징 주재기관이었고, 참가자는 건축 관계자뿐만이 아니라 나 같은 문화계에 문외한인 사람도 포함됐다. 포럼의 주제는 '인민을 위한 건축'이었다. 많은 미디어와 방청객이 몰렸다. 세련된 회장이 세련된 청중으로 가득 찼다. 베이징에서 인민의 이름 아래 열리는 다른 행사와 마찬가지로 이때 온 사람 대다수도 '인민' 중 특정한 부류다. 말하자면 쁘띠 부르주아라 할 만한 젊은 인텔리로 북적였다.

    매우 모던한 디자인의 회장에 셰 씨의 작품 사진이 전시됐다. 나는 지금까지 유례가 없을 정도로 역사나 예술의 변증법을 느꼈다. 인공의 극한에 자연의 무질서가 나타나 현대기술의 궁극에서 원시적 소박함이 되살아났다. 단 그때의 자연이나 원시는 결코 원래 모습 그대로가 아니었지만 말이다.

    어떤 눈으로 이 이차적인 자연이나 원시를 보는가에 따라 그것은 전혀 다른 모습으로 나타난다. 셰 잉준 씨는 고집스레 자기가 포스트모더니스트가 아님을 강조했다. 그는 결코 예술 자체를 목적으로 삼지 않는다. 부능족 마을에서처럼 그의 뛰어난 예술적 발상은 단순한 예술 행위에 머무르지 않고 언제나 자본의 원리에 대항하는 현실 투쟁에 참여하고 있기 때문이다.

이 전시회장은 최근 생겨나고 있는 아티스트들의 집단 작업장소 중 하나인 팡자후동(方家胡同)에 있다. 마당에는 티베트에서 운반된 텐트가 설치돼 있었다. 티베트에서도 활약해온 셰 씨는 아무래도 티베트족의 생활양식에 경도돼 있는 듯했다. 티베트 소털로 짠 이 텐트는 설산에서 멀리 떨어진 이 자리에 전혀 어울리지 않아 보이는 것도 사실이지만, 구경하려는 젊은이들의 행렬이 텐트에 새로운 '색채'를 부여하는 것만 같았다.

셰 잉준 씨는 팬들에게 둘러싸여 사인 공세를 당하고 있었다. 그의 얼굴은 쓸쓸하게 보이기도 했다. 자기 작품으로 이념을 실천하는 것은 결코 팬의 '승인'을 얻기 위해서가 아니었을 것이기 때문이다. 나는 포럼에서 그가 한 이야기가 생각났다. 그는 "인민을 위한 건축은 결코 인민에게 인정받지 못한다"는 딜레마를 말했다. '현대화' 과정에서 그 성과를 향유할 수 없는 '인민'은 그 성과를 동경한다. 도시의 부자가 '자연'을 동경하는 반면 농촌 사람들은 손에 넣을 수 없는 도시 생활을 기대한다. 그렇게 셰 씨의 건축이념은 본인이 부인한 대로 포스트모던은 결코 아니지만 그렇다고 적절한 정의를 내릴 수 있는 무언가도 아닌 셈이다.

인간이 간소한 생활을 추구하는 것은 돈이 없기 때문도 아니고 모던한 생활에 싫증이 났기 때문도 아니다. 지구상의 인간사회가 지금 병적으로 사치스럽게 생활하고 있으며 막다른 골목에 다다를 날도 머지않았기 때문이다. 후꾸시마원전 사태는 삶의 방식을 근본적으로 다시 생각하도록 촉구하고 있지만 현실은 결코 그 방향으로 나아가지는 않는 모양이다. 한 사람 한 사람 '인민'의 생활양식이 바로 오늘날 인류가 살아가는 방식을 결정하고 있다. 자본·권력·미디어의 공범관계를 지적하기는 쉽지만 '인민'이 그것을 어떻게 받아들이는지가 정작 중요한 문제다.

셰 건축가는 이런 딜레마를 경험해왔다. 그는 결코 '인민'의 현대화에 대한 복잡한 감정을 부정하지 않는다. 다만 그는 나름의 건축양식을 축적해왔을 뿐이다. 역사의 변곡점에 선 인류는 머지않은 시기에 생활의 병리를 반성해야만 하는 날을 맞이할 것이다. 그때 이 축적은 비로소 의미를 발하게 되리라.

귀향

2011. 8

22년 만에 고향인 창춘시(長春市)에 돌아왔다. 여기에는 더이상 한 사람의 가족도 없지만 그럼에도 태어난 고향은 역시 고향이다.

이번에는 모교인 지린(吉林)대학 초청 강연 때문에 올라 왔다. 베이징은 봄 내음이 점점 옅어져 이미 초여름이지만 북상하는 침대칸에서 하룻밤 자고 일어나보니 기찻길 위에 꼿꼿이 서 있는 라일락 나무 아래 옅은 서리가 내려 있지 않은가! 라일락도 차가운 아름다움을 그렇게 견디고 있었다. 이 광경이야말로 우리 고향의 봄기운이다.

아침 6시쯤 기차가 창춘역에 도착했다. 후배가 마중 나온다는 것을 거절했기 때문에 느긋한 마음으로 역을 나섰다. 각오는 하고 있었지만 나오는 순간 역시 놀랐다. 22년 전 역 앞 광장과 비교하면 마치 전혀 다른 사람의 얼굴을 보는 듯했기 때문이다. 게다가 이 타인의 얼굴은 아무런 신선함도 없는 표정을 짓고 있었다. 맥도날드, KFC 등 세계 어디에 가도 볼 수 있는 풍경이 광장을 차지하고 있었다.

광장을 둘러보다가 새로운 것을 발견했다. 오른쪽에 모노레일 역이 생긴 것이다. 바로 노선을 살펴보니 전혀 듣도 보도 못한 역 이름이 나열돼 있었다. 분명 예전 시가지를 지나지 않는 노선이리라. 타보자.

차에 탄 뒤 옆에 있던 젊은이에게 "지린대학에 가고 싶은데"라고 말하며 어느 역에 내리면 되느냐고 묻자 "지린대학? 많아요. 어느 지린대학이죠?"라고 젊은이가 되물었다.

중국에서는 몇년 전 교육개혁이 이뤄져 대학 합병이 추진됐다. 지린대학은 6개 대학과 합병해서 전국에서 가장 큰 대학이 됐다. 합병 후에는 창춘시의 주요 거리 여기저기에 똑같은 간판을 내걸어 "아름다운 창춘시는 지린대학 캠퍼스 속에 있다"라고 우스갯소리를 들을 정도라고 한다.

"원래 지린대학인데"라고 말하자 "그러면 첸진다제(前進大街)역이에요"라고 가르쳐줬다.

첸진다제는 예전에는 교외였다. 차에서 내렸더니 모든 게 낯설었다. 결국 어쩔 수 없이 후배를 역까지 나오게 했다. 후배 차를 타고 우선 모교 캠퍼스를 견학하기로 했다.

*

　지린대학의 전신은 원래 선양시(瀋陽市)에 있었던 둥베이싱정(東北行政)학원이다. 국민당과 공산당의 내전이 끝나고 신중국이 생기기 전날 밤, 다른 도시에서 여러 대학들이 해방된 창춘시로 옮겨와 위만주국(僞滿洲國, 1931년 일본군의 도움으로 세워진 만주국의 중국 호칭으로 괴뢰정부라는 뜻)의 건물 등을 활용해 각각 활동을 시작했다. 당시 지린의과(醫科)대학이나 창춘지질(地質)학원(지금은 모두 '지린대학'이 됐다) 등은 무슨 까닭인지는 모르겠지만 예전 만주국 정부청사였던 마당 딸린 건물을 손에 넣었는데, 지린대학은 큰길가의 건물 몇개를 이용하게 됐다. 그래서 오랫동안 지린대학은 '마루(馬路)대학'(큰길가의 대학)이라 불렸다. 나는 학창시절을 이 마루대학에서 보냈다.

　그런데 지금 지린대학은 예전 교외에 세워진 새로운 캠퍼스로 옮겨와 넓고 화려해졌다. 예전에는 기숙사에서 교실로 갈 때, 혹은 교실에서 도서관으로 갈 때 몇번이나 골목길이나 큰길을 지나야 했지만 지금 모교 캠퍼스는 편안한 독립공간이 됐다. "역사의 흔적이 안 보인다"라고 후배는 안타까운 듯 중얼거렸다. 나도 고개를 끄덕였다. 크게 보자면 지린대학의 역사가 없었고 작게 보자면 예전 내 학창시절의 기억도 여기에서 찾지 못하게 된 것이다.

창춘시 교외의 농원. (사진: 저자)

그러나 역사기억이란 참으로 기묘하다. 다음 날 번쩍번쩍한 훌륭한 회의실에서 강연했을 때 아주 기이한 감각에 사로잡혔다. 처음으로 와보는 이 장소가 왠지 나에게 '오랜만'이라는 느낌을 주는 것 아닌가!

이와 본질적으로 닮은 경험이 예전에도 한번 있었다. 타께우찌 요시미가 그만둔 대학 ── 토오꾜오도립대학에서 박사논문을 쓰고 있을 때의 일이었다. 내가 유학한 도립대학은 아주 예전에 메구로(目黒)에서 하찌오오지시(八王子市)로 옮겼는데, 이 사실과 모순되는 강력한 환각을 느낀 것이다 ── 하찌오오지 캠퍼스 한구석에 타께우찌 요시미가 조용히 앉아 나를 보고 있다는 환각을 본 적이 있다. 나는 타께우찌 요시미와 만난 적이 없지만, 그의 주변 사람이나 독서로부터 얻은 상상은 내 뇌리에 어떤 특정한 '기억'을 각인한 것 같다. 그리고 그와 아무런 관계가 없을 터인 하찌오오지 캠퍼스에서 그 기억이 재생됐다.

생각해보면 사람의 기억(혹은 상상)은 장소에 의존해서 재생되는 것만은 아닌 모양이다. 전혀 관계없는 장소에서 '추억'이 훌륭하게 되살아나니 말이다. 단 그 추억과 관계된 사람이나 물건이나 사건이 매개가 될 필요는 있겠지만.

*

강연회 다음 날 10명 정도 동급생이 모여 호텔에서 파티를 열었다. 우리는 중국 문혁 후 첫번째 대학생으로 이른바 '77기'(1977년 입학시험)라 불리는 세대다. 당시 대학시험이 문혁 때문에 10년 동안이나 멈춰 있었기에 수험생 수가 10년 치 정체돼 있었다. 우리 동급생은 제일 위 34세부터 제일 아래 16세까지 나이 차이가 많이 났다. 게다가 동급생은 80명 이상이어서 같은 교실에서 공부했더라도 이름을 전부 외우지 못했다. 이번에 모인 동급생 중에는 정년을 맞이한 사람도 있고 40대인 사람도 있다. 졸업 후 연락이 되지 않은 사람도 있어 몇몇의 이름은 전혀 기억나지 않았다.

그런데 테이블에 둘러앉은 순간 왠지 대학 시절 분위기가 자연스레 되살아났다. 졸업한 지 30년인데도 말이다. 결코 짧은 시간은 아닐 것이다. 30년 동안 창춘시에서 취업한 동급생들은 성의 관료가 되거나 문화기구의 리더가 되거나 대학 교수가 되거나, 말하자면 '출세'했다. 그럼에도 '동급생'으로 테이블에 둘러앉으면 자기 직책이나 나이는 전혀 상관이 없어진다. 이야기는 30년 전으로 돌아가 여러 일화가 터져나왔다.

"옛날 너는 체육 수업 시간에 조장이었지, 우리를 엄청나게 괴롭혔어." 그들은 이번 동급생 모임 연락 담당을 맡은 초로의 리(李) 씨를 놀렸다. "그래도 지금도 가장 운동을 많이 하는 사람은 예전에 운동을 제일 못했던 진(金) 씨야"라며 금세 이야기가 진 씨로 튄다. 그는 지금 근무하는 곳의 중역으로 콜레스테롤이 신경 쓰인다고 했다. "쑨 거 누나를 계속 좋아했는데 지금에야 고백하네"라며 내 왼쪽에 앉은 아직 젊은 두(杜) 씨는 농담 반으로 말했다. 나는 열심히 이 친구 이름을 기억하려 했는데 결국 떠오르지 않았다.

*

다음 날 나는 또다른 모임과 만났다. 이들은 대학에 들어가기 전 지식청년으로 농촌에 하방됐을 때의 친구들이다. 시간 순서로 보자면 대학 동급생보다 먼저 알았고 농촌에서 함께 생활하고 일한 '가족'이기도 하다.

하방됐을 때 친구들은 대부분 77기로 대학에 입학한 까닭에 직업도 대학 시절 동급생들처럼 정부기관 관료나 기술자나 교육자다. 옛날 하방된 마을에 가보자는 제안이 있어 친구 세명과 함께 그곳으로 '귀향'했다.

예전에는 마을과 창춘시를 오가려면 거의 하루가 걸렸다. 지금은 둥베이지방 국도가 대부분 건설돼 차로 두시간이면 마을에 도착한다. 도중에 기름을 짤 수 있을 정도의 검은 땅이 무한히 펼쳐지는 것을 보며 나는 서서히 열등감에 시달리기 시작했다.

하방됐을 때 나는 훌륭한 농민이 되고 싶었다. 그런데 마을을 떠나기 직전까지도 내 농사 기술은 형편없었다. 이 부끄러움은 훗날 학계에 몸을 담고 나서도 좀처럼 떠나지 않았다. 요즘 돈을 벌기 위해 도시로 나온 농민을 존경하게 된 것도 이때의 소박한 기억 때문일지 모르겠다.

오늘날 중국 농촌은 땅이 청부제(請負制, 농업생산책임제라고도 하며 농민들이 국가로부터 땅을 빌려 자유롭게 경작하는 제도다. 일정량을 세금으로 내지만 잉여 농산물은 팔 수도 있다)이기 때문에 행정제도도 상당히 변했다. 인민공사(人民公社)는 '진(鎭)', 대대(大隊)는 '촌(村)', 소대(小隊)는 '조(組)'가 됐다.

간부 권력의 성격도 바뀌어 농민의 자주성이 대폭 커졌다. 마을에는 벽돌집이 많이 생겼고, 우리가 예전에 살던 어도비 집은 두 가족이 함께 사는 곳으로 변해 보강공사 중이었다. 공사 현장에 마을 사람들이 모여 소란스럽게 우리가 누구인지를 물어보는 와중에 나는 완전히 바뀐 그 장소에서 기억의 편린을 찾기에 바빴다.

점심은 조장 집에서 먹었다. 둥베이의 5월은 아직 채소가 나는 계절이 아니라서 테이블에 계절 채소는 파와 민들레싹뿐이었고 나머지는 온실재배 채소였다. 오랜만에 시골 음식을 즐기는데 갑자기 동석한 촌장이 제안했다. "내년 하방 청년의 귀향 의식을 합시다. 그들은 지금 여러 부문에서 책임자니까 긴밀한 관계를 맺고 싶습니다"라고.

나뿐만이 아니라 창춘시에 남아 있던 하방 일원들도 마을에 가볼 틈이 거의 없었다. 그렇다 하더라도 최근 십년 사이 그들과 마을 사람들 간의 접촉이 끊긴 것은 아니었다. 예전 하방 일원들의 힘으로 몇몇 아이들이 창춘시 대학에 입학했고 몇몇 젊은이도 창춘시에서 취직했다. 촌장은 분명히 보다 긴밀한 관계를 맺어 마을의 제반 조건을 개선하고자 한 것이다.

"'신농촌건설(新農村建設)'이라는 자금원조 프로그램이 있다고 들었는데 경쟁이 치열해. 힘을 보태줄 수 없을까?"라며 촌장은 동행한 친구에게 부탁했다. 그들 중에 그런

'힘을 보탤 수 있는' '중역'도 있는 것 같았다.

예전에 전문학교 교장을 역임한 친구 중 하나는 나에게 진지하게 말했다. "신입생을 모집할 때 우선 우리 마을 아이가 있는지 체크합니다. 있으면 어떤 점수더라도 그 아이를 입학시키도록 노력합니다"라고.

제도와 그 실행 사이에는 사람이 끼어든다. 사람의 힘으로 제도는 변형되거나 구부러진다. 정치사상을 연구할 때 나는 제도에만 주목해서는 부족하다는 사실을 배웠다. 그러나 이번에 눈앞에서 이뤄진 대화를 들으며 평소에 깨닫지 못했던 점을 알게 됐다.

특정한 역사경험은 사람 속에 감정에 기초한 기억을 새긴다. 이런 감정 섞인 기억을 정확하게 파악하기 위해서는 이성적 분석만으로는 모자라다. 마을 사람들과 나눈 대화에서 나는 분명히 '인맥' 이상의 것을 느꼈다. 마을에 오는 도중에 지금의 정치부패나 관료주의를 비판한 친구들이 인맥을 만들어달라는 부탁을 대부분 기꺼이 받아들였다. 그것은 어떤 기억이 살아 있기 때문이었다. 우리 청춘시대가 단련된 그때의 기억이 살아 있기 때문이었다.

나는 갑자기 친구들에게서 일종의 순수함을 발견했다. 그것은 평생 한번 얻을 수 있는 종류의 순수함이다. 그때 우리는 젊었다. 젊은 우리는 어떤 정열을 공유했다. 그 정열은 지금 젊은 시절의 기억으로 살아남아 있다.

며칠 동안의 귀향을 마치고 베이징에 돌아오는 기차에
탔다. 귀향은 다시 젊어지는 일이기도 했다. 이 시간여행
의 의미를 지금부터 천천히 맛보고 싶다.

16°

평화부녀의
목소리
2011. 10

　'평화부녀(平和婦女, 핑허푸뉘)'는 어느 국제운동의 중국
어 약칭이다.

　이는 2004년 스위스의 한 여성 의원이 '광기의 발안'을
하며 시작됐다. 이듬해 노벨평화상 후보자로 전세계에서
'천명의 여성'을 추천하는 연합운동을 펼치자고 한 것이
다. 그리하여 세계 각 지역 민간운동가는 노벨평화상 후보
로 전세계 여성 대표 999명을 명단에 올렸다. 나머지 1명
은 '이름 없는 여성'이라는 상징적 존재를 위해 남겨졌다.

　평화부녀는 이런 식으로 전세계의 평범한 여성 이미지
와 함께 노벨평화상이라는 문제적 영역으로 진출했다.

　2005년 노벨평화상은 결국 IAEA(국제원자력기구) 차지
였다.

그로부터 6년이 흘렀다. 평화부녀가 노벨평화상을 노린 것이 아니었음은 서서히 드러났다. 그들은 오히려 진정한 평화활동은 결코 노벨평화상으로 가늠될 수 없음을 증명해보였다. 2005년 이후, 다시 노벨평화상을 노리자는 제안은 기각됐지만 '평화부녀'(peace women)라는 명칭은 정착해 전세계 여성 사이의 교류가 착실하게 진전됐다. 이 사업은 유럽 등지에서 여러 상을 받았지만 보다 중요한 것은 상을 받는다는 의례를 통해 평화부녀의 존재가 서서히 세계적으로 알려졌다는 사실이며 이것이 보다 본질적인 일일지 모른다.

중국 대륙, 홍콩, 대만의 평화부녀는 모두 108명이다. 국제적·국내적으로 저명한 사람도 있지만 이름 없는 여성이 압도적으로 많다. 이 108명의 여성 중에는 나와 가까운 친구나 선배도 몇몇인가 있다.

*

유명인 가운데 왕 솬(王選) 씨가 있다. 작은 체구의 아름다운 그녀에게는 상하이 여인 특유의 섬세한 취향이 있다. 그런 그녀가 믿기지 않을 만큼의 에너지를 발휘해서, 1990년대 중반부터 일본의 양식 있는 사람들과 협력해 일본군 세균전의 진상을 규명해왔다. 몇번의 소송을 통해 그들은 토오꾜오재판에서 은폐된 세균전이라는 잔혹한 사실을 중국·일본 사회를 향해 집요하게 폭로하며 그 책임을 추궁해왔다. 왕 솬 씨는 '중국을 감동시킨 인물'이라는 시민투표에서 '공공지식인(公共知識分子, 공공 문제에 대해 발언·실천하는 지식인. 비판정신과 도덕적 책임감을 지닌 이상주의자)'로 뽑혀 유명해졌고 미디어에서도 주목을 받았다. 그런데 내가 본 왕 솬 씨는 화려했지만 고독했다. 그녀는 '일본 반대' 때문에, 혹은 중국의 이익을 위해 세균전이라는 무거운 역사의 페이지를 연 것이 아니었다. 그녀는 세균전 피해자라는, 지금까지 목소리를 갖지 못했던 존재의 목소리를 드러내기 위해 이 어려운 도전을 한 것이다. 왕 솬 씨에게 '정의'란 결코 추상적인 개념이 아니다. 그녀에게 정의란 생생한 현실 속에 있는 딜레마 그 자체였기 때문이다.

세균전은 비인간적인 전쟁수단이다. 인간의 목숨을 빼앗을 뿐 아니라 인간의 존엄을 파괴해버리는 야만스러움이 특징이다. 위안부 문제와 마찬가지로 세균전도 평화를 위협하는 근원적 죄악이다. 왕 솬 씨는 '일본'을 향해 말하는 것이 아니다. 그녀는 아주 깊은 죄책감에 사로잡혀 있다. 그녀는 말한다. "한풀이를 위해 싸우는 것이 아니라 화를 다스리기 위해 싸우고 있다." 재판으로 피해자의 한을 풀 수도 있고 마찬가지로 가해자가 십자가를 내려놓고 해방될 수도 있다고 그녀는 믿는다. 그러나 지금 중국사회에

중국과 몽골의 평화부녀가 쿤밍(昆明)에서 만났다. (사진: 류 젠즈劉健芝)

서 그녀의 이런 입장은 충분하게 이해받지 못한다.

그것만이 아니다. 전세계 어디에서도 볼 수 있듯 국가 단위에서 이야기되는 '정의'나 '부정의'는 받아들이기 쉬운 반면, 민중의 입장에서 '정의'를 말하기는 훨씬 어렵다. 왜냐하면 기성의 언어로 그것을 표현할 수 없기 때문이다. 그리하여 왕 찬 씨는 중국 내에서도 여러 오해와 싸워야만 한다. 이것이야말로 평화부녀의 본령일지 모르겠다.

비슷한 싸움을 벌이는 평화부녀로 대만의 가오진 쑤메이(高金素梅) 씨가 있다. 그녀는 야스꾸니(靖國)신사에 합사된 대만 출신 병사들의 위패를 대만으로 가져오기 위해 일본사회의 보수세력과 싸우고 있을 뿐 아니라, 대만사회의 오해와도 맞서고 있다. 가오진 쑤메이 씨는 말한다. 나는 일본인이나 일본 민중에게 반대하는 것이 아니다. 전쟁의 재발을 방지하기 위해 노력한다. 일본·중국·대만을 각각 개별적인 집단으로 생각하는 발상을 넘어서 민중 수준에서 평화를 창출하고자 하는 것이다. 이것은 지금까지와는 다른 행동논리로 이어진다.

평화부녀가 모두 왕 솬 씨나 가오진 쑤메이 씨같이 무거운 작업을 하는 것은 아니다. 오히려 평범한 일상생활에서 눈에 띄지 않는 인생을 보내는 이들이 많다.

왕 수샤(王樹霞) 씨는 산시성(山西省) 농가에서 태어난 평범한 여성이다. 고등학교를 졸업한 뒤 5년 동안 대학입시를 치렀으나 아쉽게도 합격하지 못했다. 시골을 떠나지 못한 채 마을로 돌아와서야 왕 수샤 씨는 자기가 궁지에 몰렸음을 깨달았다. 마을에는 조혼 관습이 있었는데 5년 동안 수험 공부하는 사이에 적당한 결혼상대가 없어진 것이다. 결혼 후 농가에서 생활한다는 기본적인 삶의 패턴이 불가능해진 것은 그녀에게 큰 충격이었다. 몇번이나 죽으려고 했지만 어느날 그녀는 죽을 정도의 용기로 살아보자고 결심했다.

왕 수샤 씨는 마을의 가난한 청년과 결혼했다. 누구도 결혼상대로 생각하지 않은 이 청년은 학교 교육을 받은 적도 없고 친부모 슬하에서 자라지도 않았고 어릴 때부터 집

안팎에서 차별받아 성격에 문제가 있었다. 문학을 좋아했던 왕 수샤 씨는 그런 남편을 뒷바라지해 좋은 가정을 꾸리고자 했으나 인정 없는 남편에게 괴롭힘을 당했다. 게다가 함께 사는 시부모는 남편을 차별했는데, 왕 씨도 덩달아 차별받았다.

나날의 괴로운 생활 속에서 왕 수샤 씨는 자기 나름대로 생활의 지혜를 서서히 만들어갔다. "다른 사람을 바꿀 수 없다면 자기를 바꾸는 데서 시작하자." '자기를 바꾼다'란 상대의 논리와 타협하는 일이 아니다. 무의미한 충돌을 피하고 결과가 좋으면 좋다는 생각으로 유연하게 일을 꾸려 간다는 이성적 태도의 형성이다. 가정의 일상생활에서 성격개조만큼 힘든 일은 없을 것이다. 왕 씨는 굳은 결의를 한 셈이다.

왕 씨는 가난한 집을 부유하게 하는 데서 시작했다. 농업지식을 습득하고 공부하면서 경제가치가 높은 포도를 재배했다. 포도는 풍작이었지만 남편은 그것을 팔러 나가기 싫어했기 때문에 직접 시장에 나가 팔았다. 과일 종류를 더 늘려 수박이나 배의 재배에도 성공했다. 옥수수만 재배하던 마을이었지만 다른 촌민도 흉내 내기 시작했다. 굳은 결심을 한 뒤 십년이 지났다. 왕 수샤 씨는 자기 손으로 운명을 바꾸었다. 남편은 어느새 감정이 풍부해졌고 그녀를 소중하게 대하기 시작했다. 시부모도 너그러워져 가족은 화목해졌다. 마을에서도 그들은 이웃의 존경을 받아 존엄 있는 생활을 가꾸었다.

왕 수샤 씨는 베이징의 『농가의 딸은 뭐든지 알고 있다〔農家女百事通〕』라는 잡지에 투고한 것을 계기로 평화부녀의 NGO조직에 관여하게 됐다. 지금 그녀는 농촌 여성의 권리의식을 키우기 위해 남편의 지지를 얻어 '농가의 딸〔農家女, 눙자뉘〕'이라는 단체의 사회활동에 참여하고 있으며 많은 농가 여성에게 자기 운명을 자기 손으로 개척할 것을 호소하고 있다.

"다른 사람을 바꿀 수 없다면 자기를 바꾸는 일에서 시작하자." 왕 수샤 씨의 이런 소박한 이야기는 고통으로 가득한 깊은 진리를 담고 있다. 지금 세계에는 부조리하고 비인간적인 일이 넘쳐난다. 그것을 조금이라도 해결하기 위해서는 왕 솬 씨 같은 사람의 싸움도 필요하고 왕 수샤 씨의 착실한 노력도 필요하다. 자기를 바꿈으로써 세상도 조금씩 바꾼다는 진리. 왕 수샤라는 평범한 농가의 딸은 인생을 걸고 그것을 증명해냈다.

*

평화부녀는 작은 것에서 시작해 이 세계를 바꾸어간다. 그들은 전쟁의 씨앗이 되는 생활요소나 발상과 타협하지 않고, 자기의 선량한 사랑으로 '평화'를 만들어왔다. 애정 없는 투쟁은 단순한 폭력이다. 폭력으로 폭력을 누르는 일이 평화일 수는 없다. 그러나 박애나 비폭력은 결코 무원칙한 타협이 아니다. 약자인 여성들은 이 폭력적인 세계의 틈새에서 누구보다도 존엄이나 애정을 넓혀가는 전략을 꾀하고 있는 것이다.

올해(2011년) 6월 평화부녀의 정기총회가 베이징에서 열렸을 때 나도 초청돼 「후꾸시마원전으로 알게 된 일」이라는 제목으로 보고했다. 평화부녀는 결코 강 건너 불구경처럼 후꾸시마를 보지 않는다. 그들은 자기 경험을 살려 후꾸시마 민중의 생존상황을 상상하기 때문이다.

거기 모인 평화부녀는 거의 시골에서 일하는 사람들이다. 그중에는 잉슈현(映秀縣)에서 쓰촨대지진 직후부터 지금까지 지진 피해로 불구가 된 아이들을 위해 지속적인 지원을 하고 있는 단체가 있었다. 회원들은 인생의 희망을 잃은 아이들을 격려하고 그들의 특기나 가능성을 확인해 한 사람 한 사람 맞춤형 성장 플랜을 마련하고 있다. 그림 그리기를 좋아하는 아이를 위해서는 도시에서 자원봉사 화가를 찾아와 가능한 한 전문적으로 가르친다. 심각한 장애가 생긴 아이에게는 음악·독서·예능·생활기술 등 여러 가지 가능성을 길러 자신감이나 존엄을 다져준다.

한편 이 총회에는 '농가의 딸' 사람들도 왔다. 그녀들은 지금 농가의 딸(여성)들이 전통적 생활양식을 꺼리고 대도시 소비생활을 동경한다는 사실과 직면해 곤혹스러움을 느끼고 있다. '태양촌(太陽村, 타이양춘)'이라는, 범죄자의 자녀를 돌보는 단체도 왔다. 살인 등을 저질러 복역 중인 부모 때문에 고아 상태가 된 아이들을 위해 생활과 교육의 장을 마련하는 이들이다. 그들은 죄가 없는 아이들에게는 평범한 인생을 보낼 권리가 있다고 생각한다. 눈물을 흘리면서 관료의 부정을 폭로해온 기자, 베이징의 안정적인 일이나 생활을 버리고 홀로 산시성의 가난한 마을로 이주한 고등학교 선생님…. 그런 사람들이 함께 모여 서로 정보를 교환하면서 따뜻하면서도 날카롭게 후꾸시마원전을 둘러싼 논의를 거듭했다.

*

원전 폐쇄는 현재의 대도시 생활양식 변화를 전제해야만 현실적인 주장이 될 수 있다. 그러나 평화부녀들은 자기 실천 과정에서 이런 병적 현대화를 거스르기가 거의 불가능함을 체감하고 있다. 빠른 속도로 도시화가 진행된 중국사회는 과학기술의 한계나 자본화로 인해, 파괴적인 방향으로 나아갈 위험성이 점점 드러나고 있다. 환경파괴를 시작으로 한 인간 생활양식의 '소비화'는 필요 이상을 낭비하게 하고 소비주체인 인간까지도 정신적 불감 상태로 만든다. 이런 상황에서 후꾸시마원전 문제는 해결되지 않았고, 일본을 포함한 나라들은 자원개발을 위해 '영유권 문제'를 둘러싼 싸움을 새롭게 벌이고 있다.

평화부녀는 '평화는 어디에서 찾을 수 있을까' '평화를 어떻게 창출할 수 있을까'라는 근본적 물음을 던진다. 그들은 자기 경험을 바탕으로 하나의 진실을 바라본다. 평화의 진정한 적은 인류의 탐욕이며 차별의식이라는 진실 말이다. 전쟁은 탐욕이나 차별의식의 단적인 표현에 지나지 않지 근원이 아니다. 왕 촨 씨와 왕 수샤 씨가 손을 잡았을 때 비로소 이 진리를 깨달을 수 있었다.

"다른 사람을 바꿀 수 없다면 자기를 바꾸자." 좋은 공부를 했다.

풍문에 의한
피해

2011. 12

　신문을 펴보니 심각한 이야기가 있었다. 후꾸시마 어민
의 어획량이 감소했다고 한다. 아무리 잡아도 팔리지 않기
때문이다. 이웃 현의 어민은 같은 바다에서 조업을 하는데
도 판매량이 크게 줄어들지 않았다. 이른바 '풍문에 의한
피해〔風評被害〕'다.

　처음으로 '풍문에 의한 피해'라는 말을 접한 것은 후꾸
시마 어민이 아닌 다른 보도를 통해서였다. NHK의 해외
방송에서 니이가따(新潟)의 쌀 농가가 대만의 음식점과 계
약을 체결한 이후 매년 쌀을 보내왔는데 올해는 거절당했
다는 보도가 나왔다. 니이가따는 원전 사고 피해를 직접
받지 않았다고 아무리 설명해도 납득해주지 않았다. 몇번
에 걸쳐 협상한 결과 예년보다 싼 가격에 거래할 수밖에

없었다고 한다.

물론 풍문에 의한 피해는 결코 일본 내에 국한되지 않는다. 후꾸시마원전 사고가 일어난 직후 체르노빌 사고 경험이 있는 유럽 여행자는 즉각 한국 여행 계획을 취소했다는 이야기도 있기 때문이다.

중국에서 풍문에 의한 피해는 '소금 사재기'라는 다소 굴절된 형태로 나타났다. 출처를 알 수 없는 소문에 따르면 중국제 소금에 포함된 요오드 성분이 방사능으로부터 사람을 지킨다는 것이다. 평생 먹을 소금을 산 사람도 있는데, 풍문이 잠잠해져 소금을 반품하려고 해도 어느 가게도 받아주지 않아 어떤 의미에서 이들은 피해자가 돼버렸다.

물론 한국이나 중국 혹은 피해지역 이외의 일본 사람들이 입은 '피해'는 후꾸시마 사람들에 비할 바가 아니다. 어획량과 관련해 후꾸시마 사람들이 입은 풍문에 의한 피해는 전체 피해의 일부에 지나지 않는다. 보다 심각한 피해는 피폭의 가능성을 포함한 생존상황 자체다.

생각해보면 현대인은 유독 '풍문'에 의존하는 듯하다. 정보과잉과 정보부족이 서로를 보완하는 대중사회는 풍문의 필요성을 항상 만들어내기 때문이다. 소비를 촉진하는 정보가 얼마나 과잉이며 반대로 자본의 시스템이나 정치권력에 불리한 정보가 얼마나 부족한지 현대인이라면 통감할 것이다. 그래서 현대 시스템 틈새의 다양한 정보 소스에서, 지금 부족한 부분을 보충할 무언가를 얻은 다음 여러 경로로 확산시킨다. 이것이 풍문 형성의 기본 양태다. 정보 소스의 신용도에 차등이 있음은 물론이거니와 확산되는 과정에서 여러 요소가 무책임하게 더해지기도 한다. 정확하고 필요한 정보를 제공하기는커녕 오히려 근거 없는 추측으로 여론을 호도하는 일도 이따금 일어난다. 그렇게 해서 '피해'는 '풍문'을 따라다닌다. 그러나 풍문이 필연적으로 피해로 이어지지는 않는다. 특히 '주류 정보 소스'를 신용할 수 없을 때는 더욱 그렇다. 문제는 풍문을 어떻게 확인하고 이용하는가다.

*

중국 풍토에는 유독 풍문이 많다. 관제 이데올로기를 신용하지 않겠다는 본능은 예전부터 발달해 있다. 이 나라의 격렬한 유동성과 관계가 있을까? 일상적 행동기준은 언제나 사람들 손에서 조정되며 풍문으로 알려진다. 이런 환경 속에서 중국인의 생활감각은 만들어진다.

과거 루쉰은 다음과 같이 썼다.

"중국 인민은 의심이 많다. 모든 다른 나라 사람이 이상한 결점이라고 지적한다. 그러나 의심은 결점이 아니다. 시종일관 의심만 해서 결단을 내리지 않는다면 결점이다.

일본 3·11대지진 직후, 중국 각지의 시민은 소금에 포함된 요오드가 방사선을 막아 준다는 소문을 믿고 소금 사재기를 위해 줄을 섰다. (사진: 가오 추)

나는 중국인이기에 이 비밀을 잘 안다. 중국인은 사실 결 단을 내리고 있다. 그 결단이란 신용할 수 없다는 판단이 다. 그리고 실제로 대부분의 경우 이 결단이 옳았음이 증 명된다. 중국 사람은 자기가 의심이 많다는 사실은 의심 하지 않는다."(「나는 사람을 속이고 싶다」,『魯迅文集 6』, ちくま文庫 234면)

　루쉰은 1936년 2월에 카이조오사(改造社) 야마모또 사네 히꼬(山本實彦) 사장의 의뢰를 받아 이 문장을 일본어로 썼 다. 루거우차오(蘆溝橋)사건 1년 전으로 일본과 중국 사이 에 "진정한 마음이 보이지 않는" 시대였다. 일본 수병 살해사건을 계기로 천하태평이라는 이데올로기를 의심하는 상하이 민중의 이주를 보며 루쉰은 위의 문장을 썼다. 그는 이주라는 민중의 결단이 옳다고 생각했지만 이주했으니 안전하다는 판단은 부정했다. 안전한 장소는 어디에도 없다는 것인데, 이주하지 않았던 루쉰은 이주를 조용히 보고 있지 못했다. 난민을 위해 모금하는 여자아이에게 돈을 주거나 손님이 없는 음식점에 가거나 하면서 타인에 대한 배려로 자기 마음을 달랬다. 단 이런 '양심적인 일'을 하면서 루쉰은 '비누인지 뭔지를 먹은' 듯이 속이 니글거렸다. 왜냐하면 그에게 이러한 양심적 행위는 '천국이 있다'라고 말하며 어머니를 위로하는 일과 똑같았기 때문이다. 즉 '사람을 속이는' 일이었다.

루쉰이 말하는 '사람을 속인다'라는 것은 '위선'과 달리 선의에 따른 행위가 결코 선한 결과를 초래하지 않음을 잘 알고 하는 일이며, 하면서도 그 행위에 결코 만족하지 않는다는 의식을 수반하는 일이다. 그는 선행의 결과를 항상 의심함으로써 사회권력 메커니즘을 폭로했다. 그렇게 루쉰은 평생 사람으로부터 '다의(多疑, 많이 의심하는 일)'라고 불렸다. 하지만 이런 철저한 회의정신이야말로 루쉰의 사상적 기반 아닐까?

나도 '의심 많은' 중국인 중 한 사람이다. 루쉰으로부터 배운 것은 자기기만도 하지 않고 자기만족도 하지 않는 일

이다. 그리고 무엇보다도 철저한 회의를 전제로 니힐리즘
에 빠져들지 않는 일이다.

*

나에게는 풍문과 관련된 경험이 몇번이나 있었다. 그중
에서도 2003년 베이징에서 겪은 사스(SARS) 경험은 강렬
했다. 지금 생각하면 아무 일도 아니지만 당시에는 생명에
직결되는 대사건이었다.

사스의 베이징 확산은 위생부(衛生部) 관료의 고의 은폐
와 관련이 있었다. 그러나 책임자를 파면해 언론의 투명성
을 확보한 뒤에도 이 문제는 해결되지 않았다. 중국사회
에서 사스라는 전례 없는 병을 어떻게 억제할지의 문제는
'관'과 '민'의 대립으로 해결될 성질이 아니었기 때문이다.
그래서 여러가지 풍문 혹은 유언비어가 유포됐다. 예를
들어 병에 걸려도 병원에 가지 말라는 이야기가 있었다.
병원에서 사스에 감염될 수 있기 때문이다. 또 사스와 비
슷한 증상이 있어도 무서워서 병원에 가지 않는 사람이 속
출했다. 즉각 격리돼 그대로 영원히 사회로 복귀할 수 없
다는 소문이 돌았기 때문이다. 지하철이나 버스에 타면 누
군가가 헛기침을 해도 즉각 그 사람 주변이 텅텅 비었다.

돈 벌러 도시로 나온 농민은 고향으로 돌아갔다. 일부 직장도 출근 중지. 항상 혼잡하고 떠들썩한 베이징성(北京城)은 갑자기 조용해져 길이 넓게 보이고 하늘도 깨끗했다. 지방에서 일부러 상경해 지원활동을 하는 사람도, 예정대로 지방으로 출장 가는 사람도 있기는 했지만 이런 행동을 두고는 찬반양론이 들끓었다.

나는 필요한 외출 이외에는 집에 콕 박혀서 밀린 원고를 썼다. 사람끼리 접촉하지 않는 것이 감염을 억제하는 좋은 방법이라는 공통인식이 있었기 때문에 학술활동도 쉬는 등 나에게는 오히려 좋은 일이기도 했다.

*

그러나 세상은 움직인다. 자기가 움직이지 않아도 저편에서 움직여온다. 갑자기 전화가 울려 한국 친구에게 연락이 왔다. 베이징에 사는 사람들이 걱정되고 '중국혐오'가 만연한 한국사회 분위기를 거스르기 위해 베이징을 방문했다고 한다.

"어딘가에서 만나죠."

처음에는 갈등했다. 이렇게 위험할 때 일부러 베이징에 오다니! 과연 한국의 용자들이다. 그런데 내가 바이러스에 감염됐을지도 모르고 외출하면 위험도가 높아진다. 나에게도 상대방에게도. 게다가 풍문에 따르면 호텔은 감염 위험성이 높은 곳인데 그들은 그곳에 머물고 있다!

그런데 만나러 가지 않으면 겁쟁이로 보일 것이 틀림없다. 피해지역 주민으로서, 한국 친구들의 당당한 태도를 보고도 이 원군(援軍)과 만나지 않는다면 도리에 반하는 일이다. 그래서 나는 더 오래 생각하지 않고 "네, 만나러 갈게요"라고 답했다.

그런데 전화를 끊자 어딘가 모르게 불안하다. 벌써 내 선택의 동기를 의심하기 시작하고 있었다. 도대체 이 결정은 한국 친구의 함께 싸우려는 의지에 답하기 위해서인가 아니면 내가 겁쟁이가 아님을 증명하기 위해서인가. 사스가 유행할 동안 사람과 만나지 않겠다는 규칙을 깨는 것은 용기일까 무모일까? 이것저것 생각하는 동안 속이 안 좋아져 '비누인지 뭔지를 먹은' 기분이 됐다.

나중에 생각해보니 나도 그 친구들도 감염되지 않았으니 만나러 나가도 전혀 문제가 없었다. 그러나 당시 나에게 문제는 그렇게 단순하지 않았다. 사스가 유행했을 때는 모두 감염될 위험성이 있었고 증상이 나타나면 사태는 일변하기 때문이다.

반나절 정도 주저한 뒤 나는 결심했다. 그들에게 전화를 해서 아쉽지만 만나지 않겠다고. 그리고 쓸데없는 희생이 발생하지 않도록 빨리 귀국하라고 권했다.

결국 "중국 지식인은 겁쟁이"라며 그들은 실망했다고 한다. 나중에 그들이 이해해줬다고는 하나 지금까지도 아쉬움이 남는다.

그러나 유동적인 상황은 그것으로 끝이 아니었다. 다음날 고등학생이었던 딸의 친구 중에 감염자가 둘이나 생겨 학생 전원이 자가격리 조치됐다. 우리 집도 그뒤 문을 꼭 닫고 사는 생활이 20일 동안이나 이어졌다.

사스의 유행은 4개월이나 계속됐다. 그사이 여러 풍문이 있었다. 어떤 연인이 함께 지하철에 탔는데 남자가 마스크를 하지 않아 여자도 자기 마스크를 벗었다거나, 어린 아이를 키우는 간호사가 귀가도 하지 않고 구급환자를 돌보다 결국 자기도 감염됐다거나 하는 이기심과 배려, 무책임과 책임감이 뒤섞인 이야기들이었다. 가장 힘든 선택은 상황이 불분명한 가운데 풍문을 참고하면서도 결코 휘둘리지 않고 결단을 내리는 일이다. 그야말로 루쉰이 말한 대로 결단이 옳다 하더라도 그것을 모두 신용할 수 없다는 원칙일 것이다.

루쉰의 사전에는 '어쩔 수 없지'라는 어휘가 없다. 루쉰의 '사람 속이기'를 지탱하는 회의 정신은 풍문으로 만들어진 '상식'을 언제나 뒤집는다. 니힐리스트와 전혀 관계가 없던 루쉰은 오늘날 우리에게 위험의 시대를 살아가는 방법을 가르쳐주고 있는 것이다.

174

중국인의
식생활
2012. 2

중국인의 식생활을 통째로 논하기는 거의 불가능하다. 다른 나라에는 대표 요리가 있지만 — 일본이라면 생선회·튀김·카이세끼(懷石, 정식 코스요리), 이딸리아라면 피자·파스타, 한국이라면 김치·찌개 등일 것이다 — 중국요리의 대표 이미지를 떠올리기란 어렵고 결국 '중화요리'라고 말할 수 있을 뿐이다.

중국인인 나는 그 이유를 잘 안다. 중화요리의 정통성이 어느 지방에 있는지라는 난문에 도전하는 일이 얼마나 어리석은지 알기 때문이다. 중국의 여러 지방 요리에는 각각 대표 이미지가 있지만 거기에는 결코 공통된 특징이 없기 때문에 총체적으로 논하기란 무리다.

몇년 전 항저우에서 친구가 밥을 대접해준 적이 있다.

그 자리에 있던 나를 포함한 몇몇 베이징 사람은 예의 바르게 입을 모아 베이징요리는 맛없다고 자기부정했다. 그때 먹은 요리가 무엇인지 지금은 기억나지 않지만 이 재미있는 자기부정의 자세 자체는 뇌리에 남아 있다.

또다른 기회에 상하이의 친구에게 대접받은 적이 있다. 상하이요리는 항저우요리와 거의 비슷했는데 단맛이 내 입맛에 맞았다. 여러가지 음식에 만족했는데 역시 무엇이었는지는 잘 기억나지 않는다. 단 식사가 끝나갈 무렵의 대화는 잊지 못하고 있다.

"쑨 거 씨, 이제 어디로 가나요?"

"광저우에 갑니다만."

"그래요. 그럼 지금 많이 먹어둬요. 광저우에 가면 제대로 된 음식을 못 먹을 테니."

광저우의 광둥(廣東)요리는 중국의 대표 요리라고 생각해왔는데 상하이 친구의 이런 이야기를 듣고 매우 놀랐다.

그런 다음 광저우로 이동했다. 이번에는 광저우 친구가 식사에 초대해줬고 아주 맛있게 먹은 뒤 마지막에 다음과 같은 이야기를 나누었다.

"어디 있다가 왔어요?"

"상하이에요."

"아, 그래요. 배가 많이 고팠죠. 맛있는 요리가 없었을 테니."

최근 심포지엄 참가를 위해 홍콩에 가서 딤섬(點心)을 먹으며 홍콩 연구자에게 물었다. 홍콩요리와 광둥요리는 같으냐고.

"아뇨, 다르죠. 광둥요리는 느끼하지만 홍콩은 더 정갈해요."

생각해보면 요리는 정체성의 중요한 매개다. 예전 '중국의 마음〔中國之心〕'이라는 노래가 유행했을 때 미국에서 돌아온 친구의 한마디는 이를 단적으로 보여준다. "나에게는 중국의 마음은 없지만 중국의 위장은 있어."

결코 미식가가 아닌 내가 어느새 요리에 묻어 있는 문화적 성질을 소홀히 해서는 안 된다는 중요한 도리를 납득하고 있었다.

*

일본에서 먹는 중화요리는 맛있지만 위화감이 느껴진다. 간소한 것이든 비싼 것이든 중국의 맛을 그대로 충실히 재현해내지 못한다. 일본의 중화요리는 이미 '일본요리'가 됐다. 그런데 잘 생각해보면 중국에서도 같은 현상이 있는 것 아닐까?

지금 베이징에서는 이미 전국 요리를 다 먹을 수 있게 됐다. 싸고 간편한 쓰촨요리나 시베이(西北)요리 가게에 특히 손님이 많다. 쓰촨 생선찜의 매운맛이나 시베이 라면의 면발을 위해 다양한 노력을 기울이지만 역시 현지와는 다르다고 한다. 요리사의 솜씨보다 재료에서 비롯된 차이인 듯하다.

예전에 베이징에는 각 성(省) 주재기관이 모여 있었다. 주재기관은 각 성이 중앙과 밀접한 관계를 맺거나 각 성이 서로 소통하는 매우 편리한 거점이었다. 각 기관에는 거의 대부분 본성(本省)의 음식점이 있었고 일반에도 개방됐기 때문에 베이징의 미식가들에게 아주 인기 있었다. 지방요리에 빼놓을 수 없는 특산 식재료가 본성으로부터 매일 직접 배달됐기 때문이다.

한참 전이지만 윈난성(雲南省) 베이징 주재소에 있는 윈난 음식점에 친구를 초대한 적이 있다. 거기서 '다리를 건너는 쌀국수〔過橋米線, 궈차오미셴〕'를 주문했다. 이 요리에는 아름다운 이야기가 깃들어 있다. 어느 농가의 신부가 집 멀리서 밭일하는 남편에게 맛있는 점심을 먹이기 위해서 쌀국수 만드는 법을 고심했다. 그녀는 닭 육수를 만들고 쌀국수를 삶은 뒤 버섯, 햄, 채소 등 여러 식재료를 다른 접시에 따로 담아 밭까지 가져갔다. 집에서 밭까지 가기 위해 다리를 건너야 했다. 이것이 이 요리 이름의 유래인데, 밭에 도착한 그녀는 여기서 마술을 선보였다. 닭 육수는 표면에 기름이 두텁게 떠 있어서 온기가 날아가지 않왔다. 즉 그 자체로 펄펄 끓는 작은 냄비가 돼 있었다. 남편 앞에서 그녀는 여러 식재료를 차례로 육수에 넣었다. 날것의 식재료는 육수 열기로 딱 좋게 가열돼 집 식탁에서 먹는 것과 똑같은 맛을 즐길 수 있었다고 한다.

윈난성 베이징 주재소 음식점에서 점원들의 도움을 받아 우리는 다리를 건너는 아름다운 신부 역할을 했다. 점원은 우선 커다란 그릇을 가져온다. 육수는 조용히 그 안에 잠들어 있어 열기는 바깥으로 날아가지 않는다. 점원은 우리에게 말했다. "뜨거워요, 화상 입지 않게 조심해요"라고. 우리는 자기 손으로 날것의 햄, 계란, 버섯, 채소 등 고기에서 채소 순으로 재빨리 육수에 넣었다. 열기가 느껴지지 않는 육수는 눈앞에서 상당한 양의 식재료를 데웠다. 먹어보면 다소 향이 강하지만 생생한 맛이었다.

최근에는 각 성의 베이징 주재기관이 정치 부패의 거점이 될 수도 있다는 우려 때문에 서서히 사라지고 있다. 그런데 부패와 동시에 오리지널 지방요리를 맛볼 기회도 사라졌다. 이제 '다리를 건너는 쌀국수'를 먹으려면 여러 군데 지점을 낸 윈난 쌀국수 가게에 갈 수밖에 없지만 먹는 방법은 같아도 맛에는 미묘한 차이가 있다. 베이징 주재소의 쌀국수와 비교하면 오리지널 특유의 향이 없어 익숙하지만 뭔가 부족한 느낌이다.

광둥지역의 향토요리. (사진: 저자)

*

　나는 둥베이(東北) 출신이다. 둥베이요리에는 토종닭 버섯 찌개, 돼지고기와 배추절임과 당면을 넣은 찌개 정도가 있다. 예전 가난한 시골 농민은 손님을 대접할 때 냄비에 돼지고기와 배추절임과 당면을 삶고 테이블에는 배추와 당면을 다른 접시에 내어 두가지 요리로 간주했다고 한다.

　최근에는 베이징에서도 도처에 '둥베이요리' 간판을 볼 수 있다. 안에 들어가보면 내가 모르는 요리가 많다. 잣과 옥수수 볶음이 가장 유명한데 둥베이 사람인 나는 처음 보는 요리다. 세상은 변화하기 때문에 이것이 둥베이요리가 아니라고 할 수는 없겠지만 내심 납득이 가지 않는 것은 사실이다.

'어머니의 맛[おふくろの味, 오후꾸로노아지]'은 일본의 상투어이지만 중국인에게도 '고향의 맛[故郷的味, 구샹더웨이]'이라는 미각이 있다. 나에게는 둥베이 특유의 찹쌀로 만든 팥떡 맛이 그렇다.

문혁 후기 부모가 시골로 하방되고 어린 시절 첫번째 시골생활을 보낼 때였다. 태어나서 처음으로 시골에 간 탓에 모든 것이 인상 깊었다. 정월에 둥베이 농민은 찹쌀 팥떡을 대량으로 만들어 겨울 추위에 냉동 보존한다. 팥떡이라고는 해도 당시에는 설탕이 귀중품이었기 때문에 단맛이 나지는 않았다. 큰 팥알을 아낌없이 쓰는데 찹쌀로 만든 노란 떡은 신선한 신맛을 내고 향이 뛰어나다. 그런 보존음식 팥떡은 더할 나위 없는 별미였다. 정월부터 봄까지 둥베이 시골에서는 팥떡이 식탁을 수놓았고, 그런 소박한 정월이 여전히 기억난다.

오늘날 문혁 경험은 고통뿐이었다고 정리하는 사람들이 있다. 동시에 문혁 시대의 '혁명가(革命歌)'를 추억에 잠겨 듣는 사람도 있다. 이 두 종류의 사람들은 결코 상반되는 것이 아니라 한 사람의 두가지 측면일지도 모른다. 나에게는 부모가 문혁 때문에 시골로 쫓겨났다는 고통스러운 기억과, 쫓겨났기 때문에 시골에서 팥떡을 자기 손으로 만들어 색다른 정월을 맛볼 수 있었던 경험은 결코 모순되지 않는다. 지금 생각해보면 둘 다 아련하다.

20대부터 베이징에 산 나는 겨울이 되면 둥베이의 찹쌀팥떡을 찾는다. 때때로 '둥베이요리'를 자칭하는 가게에서 먹기도 하는데 한번도 만족한 적이 없다. 가게 상품이 된 팥떡에 내 기억이 깃들어 있지 않기 때문만은 아니다. 신맛도 없고 쓴맛도 없는 '둥베이 팥떡'은 이미 고유의 땅에서 동떨어져 특유의 맛을 잃어버렸기 때문이다.

일본의 중화요리가 원래 맛을 미묘하게 바꾼 것처럼 베이징의 지방요리들도 '베이징요리'가 돼버렸다. 그런 경험은 나에게 국제화를 다시 생각해보라고 부추겼다.

내셔널리즘을 비판함으로써 국제화는 자연스럽게 확대됐다. 그런 개념이 일반화됐다는 것뿐만이 아니다. 일종의 '국제감각'도 개성을 넘어선 형태로 공유되기 시작했다. 그런 국제감각은 말할 필요도 없이 '지역감각'의 핵심을 완고하게 배제한다. 지방요리가 베이징에 오면 그 맛이 미묘하게 변한다. 현지 특유의 '향'이 없어지는 것이다. 그러나 그 지방 사람들에게 그 향이야말로 고향의 맛이기에 '국제화'된 베이징에서 지방요리를 먹어도 지방요리를 맛봤다고 할 수 없다.

중국인의 식생활, 그것을 세계적으로 퍼져 있는 '중화

요리'에 비추어 표현하기는 힘들지도 모른다. 그러나 국제화된 '중화요리'로부터 중국인의 식생활을 이해하려는 접근방식은 매우 중요한 과정이다. 단 그것이 말만큼 쉽지는 않다는 자각이 필요하겠지만.

예전에 나가노현(長野縣)의 유명한 메밀국수집에서 메밀국수를 먹은 적이 있다. 내가 '맛있다'고 하자 일본인 친구가 의심스러운 눈으로 본 일을 지금도 잊을 수 없다. 식문화의 '맛'은 문화의 벽에 둘러싸여 있다. 그것을 실질적으로 살리는 일은 국제화를 위한 중요한 과제다.

TV드라마에서
'중·일'

2012. 4

　매년 섣달그믐에 중국중앙텔레비전(CCTV)은 똑같은
프로그램을 방송한다. 일년에 한번 있는 〈춘절연환만회
(春節聯歡晚會)〉로 〈춘만(春晩)〉이라고도 한다. 연례행사라
는 점에서 일본의 〈홍백(紅白)〉과 같지만 구성은 전혀 달
라 거창하고 복잡하다. 노래나 춤 이외에 가장 인기가 있
는 것은 예능프로그램으로 해마다 시청자의 기대는 높아
만 간다. 그 중압감 때문에 탤런트가 출연을 거부할 정도
다. 요즘은 좋은 감독도 좋은 작품도 적어진 탓일까, 아니
면 탤런트 세계가 타락한 탓일까, 아무튼 〈춘만〉의 질이
떨어지고 있다. 상상력이 부족해지는 것이다. 여론을 보면
올해 〈춘만〉은 평판이 나빴다. 3~4년 전까지 〈춘만〉은 상
당한 수준이어서 상상력 풍부한 대사는 그해의 유행어가

되는 일도 있었다. 몇년 전에 다음과 같은 대사가 있었다.

"CCTV를 고발하고 싶다. 그들은 광고 사이에 드라마를 편성한다."

아마 이 말은 그해의 유행어였던 것 같다. TV드라마에 많은 광고를 끼워넣는 데 대한 시청자의 반발을 재치 있게 표현했기 때문이다.

작년(2011년) 말 드라마 방송 중에 광고를 삽입하면 안 된다는 규정이 생겼다고 한다. 아주 흥미로운 일이다. 시장경제화 과정에서 광고방송에 의존하는 TV방송국이 결국 이런 자숙을 강제당했다는 사실에서 TV드라마가 얼마나 인기 있는지 알 수 있으며, 시청자의 요구가 프로그램과 방송에 어떤 영향을 끼치는지도 확인할 수 있기 때문이다.

*

중국 TV드라마는 일본처럼 매주 같은 요일 같은 시각에 방영하지 않고 하루에 적어도 2회에서 4회분을 방송한다. 게다가 모든 드라마가 길다. 몇십회나 되는 것을 매일 밤 놓치지 않고 보기란 나에게 물리적으로 불가능하다. 그런 내가 몇년 전 당시 화제였던 〈관동으로 나아간다(闖關東)〉라는 드라마를 계기로 TV드라마의 역할을 무시하면 안 된다는 사실을 깨달았다.

〈관동으로 나아간다〉는 관내(關內, 산하이관山海關의 서쪽 일대)로 이주한 농민 자매 이야기다. 상당히 길어서 나는 일부만 보았다. 그래서 이야기 전체를 요약할 수는 없지만 몇가지 장면이 아주 인상 깊게 남아 있다.

우선 전쟁에 편승해 만주국으로 이주한 일본 농민의 수확 장면이 있다. 일본군의 지배 아래 중국인에게서 생활의 터전을 빼앗은 일본인 농민 부부는 여주인공인 중국인 자매의 땅에서 난 덜 익은 옥수수까지 빼앗았다. 수확 계절이 되자 일본인 부부는 자기가 기른 작물이 아님에도 밭에서 수확을 축하하는 의례를 하며 풍작을 기뻐한다. 그들은 일본에서 토지를 가지지 못해봤기에 손쉽게 손에 넣은 토지와 풍작을 누리면서도 왠지 떳떳하지 못했다. 그들은 수확한 옥수수를 가지고 여주인공 집을 찾아가지만 쫓겨나고 만다. 중국인인 남녀 배우는 일본인 부부의 씁쓸한 마음을 훌륭하게 표현했다.

드라마 후반은 일본의 패전 장면이다. 안정적 생활이 파탄한 일본인은 당황한 채로 마을에서 도망간다. 겨울이었는데 그때 둥베이의 평원은 얼음 세계다. 방향도 모르고 길도 못 찾는 그들이 대설 속에서 동사하기 일보직전에 가난한 중국 농민들이 나타나 구원의 손을 내민다. 적/동지의 구별을 넘어 소박한 중국 농민은 예전에 자기들에게서 모든 것을 약탈한 일본인을 살린 것이다.

이 장면을 보면서 나는 놀랐다. 거기에 중국사회의 일본에 대한 이미지 변천이 응축돼 있는 듯한 느낌을 받았기 때문이다. 하층 일본인이 생활인으로서 중국 현대 드라마에 등장하는 것은 자주 있는 일이 아니다. 오랫동안 일본인의 이미지란 거의 전쟁 시기 일본군인의 야수 같은 모습뿐이었다. 그 시기 '반일'이라는 사회적 분위기는 다소 추상적이고 단순했다. 그런 분위기가 여론을 좌우하고 있는 동안 생활인으로서의 일본인이 등장할 여지가 있을 수 없었다. 〈관동으로 나아간다〉가 이런 생활인으로서의 일본인 이미지를 만들어낸 것은 중국사회의 확실한 변화를 나타내고 있었다.

그뒤 나도 때때로 드라마를 보게 됐다. 단편적으로 봐도 놀랄 일이 많았다. 일본 이미지만이 아니라 중국 역사 이미지도 드라마에서 풍부해졌다. 예를 들어 국민당과 공산당의 관계, 항일전쟁에서 국민당군과 팔로군(八路軍) 및 신사군(新四軍)의 관계 등 모두 단순한 대립구도에서 벗어나 뒤섞인 양상을 그려내고 있었다. 극단적으로 말하자면 우리 연구자들보다 드라마 작가들이 역사의 복잡함에 민감하게 반응하고 있다 해도 과언이 아니다.

아마 작년일 것이다. 새 드라마가 화제였다. 일본공산당
원 나까니시 쯔또무(中西功, 1910~73. 2차대전 중 중국공산당과 관
계가 있다고 해서 치안유지법으로 검거돼 사형이 구형됐다. 전후에는 일
본공산당 참의원의원이 된다)를 모델로 한 첩보극으로 〈무적의
지자(智者無敵)〉라는 제목이었다. 중국에서는 추리극 대신
전쟁 시기 첩보활동을 주제로 한 드라마가 유행이다. 굴절
된 이야기와 험한 분위기가 인기를 모아 시대극보다 민국
기(民國期, 1911~49년) 현대 드라마가 많을 정도다. 〈무적의
지자〉는 그중에서도 이색적이었다.

　주인공인 나까무라 쯔또무(中村功)는 나까니시 쯔또무
를 모델로 한 가상의 인물이다. 그는 일본군 상하이 주재
기관의 장교이면서 중국공산당의 첩보원이다. 그의 정체
를 의심하는 일본 군부는 여러가지 수단으로 그의 신원을
확인하려 하지만 그도 그것을 활용해 중국공산당에 정보
를 보내려 한다. 그러나 연락 상대인 중국공산당 상하이
첩보기관 책임자는 놀랍게도 일본 측 첩보원이었다. 이렇
게 이야기의 복잡한 구도가 매력적으로 전개된다. 나까무
라는 정체가 폭로될 위기에 처할 때마다 교묘하게 빠져나
간다. 드라마 후반에 결국 정체가 들통났을 때도 적끼리의
대립을 틈타 탈출하기도 하고, 그를 사랑한 감시역 여성

스파이에 의해 구출되기도 한다. 마지막에 나까무라는 일본 내 감옥에서 패전을 맞이한다.

이 재미있는 이야기에는 하나의 부자연스러운 '여건'이 있다. 나까무라 쯔또무는 일본인 부부의 양자가 된 중국인이며 공산당 내부의 일본 측 첩보원은 한쪽 부모가 일본인이라는 설정이다. 즉 태생과 혈연관계로 정치적 입장이 결정된다는 아주 단순한 발상이다. 이런 발상은 작가나 감독이 중국사회의 반일 정서를 신중하게 고려한 것일지도 모르겠다. 왜냐하면 이 드라마가 시작하기 전 공개된 영화 〈난징! 난징!(南京!南京!)〉은 무능한 중국 군인과 양심적 일본 군인을 그려내서 찬반양론을 일으킨 바 있기 때문이다.

그러나 〈무적의 지자〉가 보여준 이 신중함을 시청자는 별로 좋게 보지 않은 것 같다. 인터넷상에서는 이런 단순한 혈연론이 비판받았다. 나까무라 쯔또무가 그냥 일본인이었어도 되는 것 아니냐는 의견이 많아 일본인도 영웅으로서 중국 TV드라마에 등장할 수 있게 된 것이다.

〈무적의 지자〉와 거의 같은 시기에 방영된 몇몇 드라마에서도 일본군인의 이미지는 복잡하게 그려졌다. 〈눈의 표범(雪豹)〉은 팔로군 부대장과 일본군 부대장의 '적 사이의 우정'을 그렸다. 중일전쟁 전에 독일의 같은 군사학교에 유학한 두 사람은 함께 전술을 익히고 상대의 말을 배워 깊은 우정을 다졌다. 전장에서 조우한 두 사람은 적이 돼버렸음을 알게 된다. 이야기 마지막에 두 사람은 격투를 벌이고, 일본인은 패배해 중국인 품에서 죽는다. 그의 시신을 끌어안은 중국인 부대장의 얼굴에는 승리의 기쁨이 아닌 쓸쓸한 표정이 드리운다. 그는 죽은 '적인 친구'의 무덤을 만들어 홀로 조용히 공양한다.

〈눈의 표범〉에는 〈검은 여우〔黑狐〕〉라는 속편도 있다. 거의 같은 출연진이지만 다른 이야기다. 이 드라마는 〈무적의 지자〉에서 한걸음 더 나아간 것으로, 국적이 적과 동지를 결정하는 틀에서 벗어났다. 일본공산당원인 일본인 여성은 일본군 첩보기관에 근무하면서 중국공산당의 첩보원으로 활동한다. 이 여성에게는 중국인 남편이 있는데 그는 예전에 중국 측 첩보기관에서 일했다. 그 중국 첩보기관의 중국인 리더가 배반해 그녀의 정체를 일본군에 밀고한다. 생사의 경계에 내몰렸을 때 이 여성은 일본인 남성 동료의 도움으로 목숨을 건진다. 그 남성은 그녀를 짝사랑하고 있었기에 그녀를 죽이지 못했을 뿐 아니라 거꾸로 일본의 국익을 저버리면서 자기 죽음과 그녀의 탈출을 맞바꾼다.

*

요즘은 실제 일본인 배우가 등장하는 경우도 있어 드라마에서도 영화에서도 많은 일본어가 중국어와 함께 사용

드라마 〈무적의 지자〉의 한 장면. 일본공산당원인 나까니시 쯔또무를 모델로 한 나까무라 쯔또무와 일본인 여성 스파이.

되는 일이 잦다. 일본인과 중국인, 어색한 중국어나 일본어가 화면상에 교차하는 것은 독특한 장면으로 1980년대 반일영화에서는 상상조차 못한 일이다. 30년 이상 전에 중국영화에 등장한 일본인 이미지는 딱딱하고 추상적인 '악당'이었는데 최근의 일본인 이미지는 선과 악의 경계가 흐릿할 정도로 유연해졌다. '악당'이라는 저음은 지속되고 있지만 몇가지 변주가 선명하게 전개돼 결과적으로 악당의 내실이 서서히 변화해온 것이다.

30년 전의 일본 이미지는 중국인의 생활감각에서 멀리 떨어져 있었다. 영상화된 일본인은 거의 군인이었고 그들은 인간의 희노애락을 모르고 그저 사람을 죽이는 킬러이자 음란한 짐승으로 형상화됐다. 80년대 이후 몇몇 영화는 일본군의 질서정연한 모습을 그렸지만 그것은 중국 게릴라의 무질서함에 대비된 냉랭한 풍자 이미지에 지나지 않았고, 이는 패전을 맞이한 일본 군인의 전원 할복 장면에서 극명하게 드러난다. 아무튼 일본군인은 '인간'으로서 존재하지 않았다.

30년이 지난 지금 일본인 이미지는 풍부해졌다. 군인뿐만 아니라 평범한 농민도 등장하고 군인을 포함해 그들의 생활감각이나 감정세계가 그려진다. 결국 '인간으로서의 일본인'이 드라마의 이미지로 정착했다. 게다가 수많은 첩보드라마에서는 중·일 어느 쪽이 선하고 악하다는 구분도 흐려져, 비록 초보적이지만 적 속에 동지가 있고 동지 속에 적이 있는 복잡한 구도가 만들어졌다.

나는 이 변화가 단지 작가나 감독에 의해 생겨났다고 생각하지는 않는다. 궁극적으로는 광고 사이에 드라마를 끼워 넣는 상황에 반발하는 시청자들이 '중·일' 이미지의 변화를 요구하고 있기 때문이다. 최근 30년 동안 평범한 중국인의 정치감각은 서서히 풍부해져 이제 더이상 단순한 '중·일' 이미지로는 만족할 수 없게 됐다. 이렇게 보면 중국사회의 정치 성숙도를 가늠하기 위해서는 학자의 논의보다 드라마를 살펴보는 편이 보다 확실할지도 모르겠다.

노동하는 인간은
아름답다

2012. 6

베이징 중앙TV방송국에는 〈스타의 길〔星光大道〕〉이라는 독특한 프로그램이 있다. 일반인 중에서 가수 등을 뽑는 오디션 프로그램인데 전국에서 출연자가 모여 생방송으로 선발 과정을 방송한다. 10억인의 중국인 중에서 스타를 동경하는 재능 있는 사람이 모이기 때문에 당연히 경쟁은 치열할 수밖에 없다. 따라서 선발 항목도 까다롭고 보는 재미도 있는 질 높은 프로그램이다.

일본에도 〈노래자랑〔のど自慢〕〉이라는 프로그램이 있지만 〈스타의 길〉은 그것보다 복잡하다. 우선 월 1회 선발대회가 있고 그뒤 1년간의 우승자들이 이듬해 연초에 모여 연간 우승자를 결정하는 대회에서 경쟁한다. 이 연간 우승자 결정전에는 노래만이 아니라 춤이나 다른 예능도 펼

쳐진다. 그럼에도 이 프로그램에는 응모자가 많아 중국인 뿐 아니라 외국인도 적극적으로 참가한다. 그리고 가장 눈 길을 끄는 것은 몸이 자유롭지 않은 사람이나 병세가 깊은 암환자 등도 평범한 사람과 똑같은 규칙에 따라 경쟁하는 점이다. 작년 연간 우승자는 후난성(湖南省) 투자족(土家族)의 젊은 여성이었고 그녀는 눈이 보이지 않았으나 매력적인 미소, 아름다운 목소리와 춤으로 관중을 압도했다.

*

이 프로그램은 이미 몇년 동안 계속됐지만 나는 올해 처음 작년의 연간 우승자 결정전을 보았다. 결정전에 남은 참가자들의 공연은 정말 훌륭했다. 그중에는 미국과 캐나다에서 온 남녀 한쌍도 있는데 캐나다 여성은 어릴 때부터 음악 훈련을 받은 상당한 프로였다. 그들은 중국인 취향에 맞춰 '창강의 노래(長江之歌)' 등 중국의 특정 시대 대표곡을 중국인급으로 훌륭하게 불렀다. 게다가 시베이(西北) 황허 유역의 전통 춤도 선보여 관중을 열광시켰다. 일본인이 '푸른 산맥(靑い山脈)'이나 '사과의 노래(りんごの歌)'를 들은 것 같은, 일종의 특별한 감동적 분위기를 북아메리카에서 온 커플이 연출했다. 이 캐나다 여성은 왜 일부러 먼곳에서 이 프로그램에 참가했느냐는 질문에 "이런 재미있

는 프로그램은 북아메리카에 절대로 없기 때문"이라고 답했다.

생각해보면 〈스타의 길〉은 현재 중국 대중문화의 특징을 잘 갖췄다. 스타와 팬, 출세 욕망, 가난한 생활로부터 탈출 등 어느 사회에나 있는 일반적인 요소와 더불어 이 프로그램은 전환기 중국의 특질까지 드러내고 있다.

그것은 이 프로그램이 단순히 경쟁의 장일뿐만 아니라 서민 간 교류의 장이라는 사실에서 비롯된다. 참가자 대부분은 스타가 될 가능성이 없다. 그러나 그들은 승부에 집착하지 않고 시종일관 즐긴다. 노래나 춤 등 능력을 뽐내는 것 말고도 이 프로그램은 그들에게 '이야기하는' 시간을 주기 때문이다. 이 프로그램의 사회자는 경험이 풍부한 탤런트인데 농담을 섞어가며 참가자들의 불안을 해소해 생활 경험에서 이야깃거리를 끌어낸다. 참가자들은 이 방식에 익숙해져 노래나 춤 사이에 자기 인생을 이야기하려 한다. 〈스타의 길〉은 스타가 아닌 평범한 사람의 목소리를 널리 알리는 좋은 장인 셈이다. 음식점 종업원, 회사원, 유치원 교사, 돈을 벌기 위해 도시로 나온 농민, 대학생 등이 자기 인생을 화면에서 이야기한다.

몇년 전 둥베이지방의 시골 예능 〈두 사람 돌아 부르기〔二人轉〕〉(두 사람이 번갈아가며 노래를 부르는 예능)가 중국 예능계에 등장했다. 전통적인 〈두 사람 돌아 부르기〉는 비속한

가사나 저속한 몸짓으로 예술계에서 배제됐지만 자오 번산(趙本山)이라는 연예인의 재창작으로 중국사회를 풍미했다. 몇몇 〈두 사람 돌아 부르기〉 가수가 이 〈스타의 길〉에서 출세해 〈춘만〉을 경유해 명실상부한 스타가 됐다. 그들의 성공은 중국 예술계의 질서를 혼란에 빠뜨린 것처럼 보인다. 왜냐하면 그들 대부분은 교양도 없고 순수예능의 세계와는 전혀 무관하며 사람을 웃기는 일을 맡을 뿐인데, 그럼에도 매우 높은 음역을 넘나드는 가창력과 코미디 프로그램의 주역을 맡을 정도의 실력으로 인기를 얻었기 때문이다. 〈두 사람 돌아 부르기〉도 매우 재치 있는 형식을 가미해, 이미 전통적인 만담 등의 수준을 넘어섰다.

자오 번산의 이례적 성공은 지금까지의 대중문화와 순수예술의 경계를 애매하게 만들었다. 실제 오페라나 신극(新劇, 19세기 말부터 20세기 초에 등장한 중국 연극)을 감상하는 사람들이 자오 번산을 배척하지 않는 시대가 왔다. 〈스타의 길〉은 이 경계를 지우는 유효한 매체다.

또 이 프로그램에는 여러 심사위원이 등장한다. 저명한 예술가에서 〈스타의 길〉 출신의 예능인까지 그 구성은 다양하다. 참가자들도 의도적인지 어떤지는 몰라도 심사위원의 대표작을 부르는 사람이 많다. 그래서 심사 뒤 덤으로 심사위원과 참가자가 함께 다시 그 노래를 부르는 장면도 종종 볼 수 있다. 이런 양식은 〈춘만〉에도 영향을 끼쳐 하나의 양식으로 자리 잡았다. 몇년 전 〈춘만〉에서는 두 예술학원 성악가와 두 농민가수가 훌륭하게 4인 남성 테너 앙상블을 불렀다. 이 두 농민가수는 모두 〈스타의 길〉에서 데뷔했는데 아직도 농민인 채로 지낸다고 한다.

*

올해 〈춘만〉에는 새로운 농민가수가 데뷔했다. 주 지원(朱之文)이라는 산둥성(山東省) 출신의 농민이다. 초등학교 2학년 때 공부를 그만두고 마을에서 일했는데 어린 시절부터 노래를 좋아해 일하면서 성악을 독학했다. 우연히 성악 테이프를 손에 넣어 나름대로 연습을 시작했다. 낮에는 일하고 밤에는 졸음을 참으며 마을 옆 숲에서 열심히 자기 목소리를 단련했다. 전문 훈련을 받지 않았기 때문에 때로는 가사 발음을 틀렸지만 리듬은 거의 완벽했다.

올해 43살이 된 주 지원은 잘생긴 것과는 거리가 멀다. 멋있지도 젊지도 않다. 〈스타의 길〉에서 성공한 가수 중에서도 단연 이색적이다. 특출한 노래 실력 외에 스타가 될 요소가 전혀 없다. 춤도 출 수 없고 이야기도 몸짓도 어색하다. 게다가 그는 산둥성 사투리만 쓸 수 있을 뿐 표준어를 구사할 수 없다. 처음 〈스타의 길〉에 출연했을 때 농민공이 주로 입는 외투를 입고 나왔다. 그렇게 그는 인터넷에서 '외투남[大衣哥, 다이거]'이라는 애칭을 얻었다.

노래 외에도 대중문화의 법칙을 깨부쉈다는 점에서 주지원은 주목받았다. 선발대회 장에서 이례적인 태도를 취한 것이다. '재예(才藝)'라는 코너에서 참가자들은 보통 그림을 그리거나 춤을 추는 식으로 '재예'의 상식 안에서 특기를 선보이는데, 아무것도 할 수 없는 주 지원은 도구를 꺼내 그 자리에서 재빨리 철근으로 별모양을 만들었다. '스타'는 중국어로도 '별'이기 때문이다. 흥미롭게도 이 작품을 본 심사위원들은 상이한 반응을 나타냈다. 젊은 심사위원 중에는 국제적으로 유명한 피아니스트 랑 랑(郎朗)이 있었는데 그는 명백히 이 행위가 '재예'와 관계없다며 다음과 같이 솔직하게 자기 생각을 말했다. "주 씨는 노래를 부를 때와 이야기를 할 때는 전혀 다른 사람 같다. 아주 재미있다"라고 말이다. 천부적인 음악 재능을 타고난 랑 랑은 대중문화 시대에 태어났다. 그의 의견은 젊은이의 감각을 대표한다. 즉 순수예술과 오락이 결합하는 것은 이상하지 않지만 거기에 '노동'이라는 요소가 끼어들면 어쩐지 돌발적으로 보이는 것이다.

하지만 심사위원 중 한 사람인 60대 테너 가수는 다른 의견을 피력했다. 그는 간결하게 이렇게 평가했다. "노동하는 인간은 아름답다."

요즘 젊은이가 이해할 수 있는 한계를 넘어섰다고 생각

하는 이야기다. 오늘날 중국에서는 육체노동 능력이 아니라 재산을 불리는 능력이나 소비 능력으로 사람을 평가하게 됐다. 그러나 2,30년 전까지도 그렇지 않았다. 나이 많은 테너 가수는 소비사회 이전에 통용되던 판단기준을 무의식중에 전달한 것이다. 노동은 영광이다, 노동하는 사람은 아름답다고 말이다. 그리고 이 '노동'이란 노동자나 농민의 육체노동이었다.

*

시대가 바뀌어 중국사회도 이전 시대의 가치판단이나 이데올로기가 점점 쇠퇴해간다. 사회는 풍요로워지고 젊은이들은 소비를 목적으로 일한다. 〈스타의 길〉은 다수의 평범한 참가자들에게 '출셋길'일 것이다. 실제로 우승한 젊은이는 정도의 차이는 있지만 모두 가수로 활약하고 있으며 이따금 광고에도 출연한다. 단 특출한 실력이 없으면 오래 활약할 수는 없다. 소비사회의 법칙은 냉정하다. 항상 새로운 스타가 낡은 스타를 대체한다.

주 지원도 이런 운명에 직면해 있다. 그는 자기 실력으로 경쟁이 격렬한 연예계에 특이하게 데뷔했다. 작년 선발대회에서 그는 '재예 부족'으로 중도탈락했지만 올해 〈춘만〉이나 다른 대형 프로그램에서 빛을 발했다. 좋은 목소

농민가수인 주 지원. 그의 외투 차림이 화제가 됐다. (사진: 가오 추)

리와 독특한 소박함은 관중들에게 참신한 이미지로 다가
가 어느새 유명인이 됐다. 어느 TV방송국이 화제를 만들
기 위해 그의 인터뷰 프로그램을 만들었는데 아주 인상적
이었다.

　주 지원은 유명해진 뒤부터 노래로 수입이 늘었다. 그는
마을을 위해 농사 설비를 기부했다. 자기 집은 원래 농가
건축 그대로이고 생활양식도 지금까지와 마찬가지다. 나가
서 노래를 부르는 사이사이 자기 밭을 경작한다. 경작하면
서 노래를 계속 부르는 것이다. 성공한 다른 연예인과 달
리 주 지원은 베이징으로 이주하기를 거부하고 있다. 아내
와 두 아이와 함께 지금까지와 마찬가지로 농업생활을 유

지한다. 닭이나 오리나 개를 기르고 가족처럼 지낸다. 한쌍의 노란 닭이 언제나 그의 손이나 어깨에 앉아 조용히 그의 노래를 감상하는 것처럼 보인다. 이런 생활을 포기하지 않는 주 지원은 다음과 같은 도리를 믿고 있는 것이다. 유명인이 되는 것은 자유를 잃는 것이고 인간에게는 대지 위에 똑바로 서 있는 것이 무엇보다 중요하다는 도리 말이다.

지금은 유명해졌지만 장래에도 그렇다는 보장은 없다. 언제든 '돌아갈 수 있는' 곳이 있다는 것은 무엇보다 중요하다고 주 지원은 말한다. 농민이나 건축노동자 경력이 있는 그는 노동에서 떨어지려 하지 않는다. 공연에서 베이징이나 외국에 갈 때 긴 기차나 비행기 여행으로 허리가 아파도 집에 돌아와 밭일하면 자연스레 낫는다고 한다.

주 지원은 지금도 인기를 끌고 있다. 소비사회의 법칙과 충돌하는 그의 생활철학이 그 투명한 목소리에 담겨 있어 중국인을 감동시킨다. 그것은 과거 시대의 기억이 되살아나기 때문이라기보다는 미래를 향해 인간은 어떻게 살아야 하는지의 근본적인 물음을 이 소박한 농민이 몸으로 던지고 있기 때문이다.

이동이라는
의미
2012. 8

아침을 먹으려 하니 비가 온다. 해안가에 있는 호텔 레
스토랑에서 식사를 하면서 바깥 풍경을 보고 있다. 호젓한
해안의 파도는 유유히 출렁거리고 그 위에 커다란 다리가
당당하게 서 있다. 다리 아래를 화물선이 천천히 오가고
있다. 후미진 해안가에는 높은 산을 배경으로 고층빌딩이
모여 있다. 여기는 홍콩. 1세기 전에는 그저 자그마한 어촌
이었다. 사람이 살기 어려운 자연환경이었는데 지금은 기
묘한 현대풍 대도시로 변신했다. 무조건 인간의 힘을 찬미
하는 사람들은 항상 홍콩의 이런 변화에 감탄하지만 나는
도저히 동조할 수 없다. 밀폐된 호텔 방에는 항시 냉방이
켜져 있다. 창문이 없어 환기라는 중요한 일은 모두 에어
컨이 담당한다. 냉방을 꺼봤는데 한시간도 안 돼 습기 가

득한 고약한 냄새가 났다. 결국 나는 에어컨을 계속 켜둘 수밖에 없었다. 인공적인 현대풍 대도시인 홍콩은 자연스럽지 않은 삶의 방식을 '자연화'하고 있어 현대란 어떤 시대인지 더할 나위 없이 강렬하게 맛보여준다.

홍콩은 지금 '중국 홍콩'이다. 그렇지만 '일국양제(一國兩制)'라는 특별한 제도로 대륙과는 거리를 두고 있다. 영국 식민지였던 홍콩은 이제 중국 대륙의 구심력에 점점 끌려가고 있으며 경제발전은 대륙에 의존하지만 사회적 분위기는 그런 현실과 동떨어져 있는 듯하다.

레스토랑은 갑자기 붐볐다. 대규모 관광객이 소란스레 들어온 것이다. 대륙으로부터의 '군단(軍團)'임은 말할 필요도 없다. 그들은 서로 아침 인사를 주고받으며 재빨리 뷔페 요리를 접시에 담아 테이블에 앉아 먹으며 담소를 나누기 시작했다. 웨이터도 다른 손님도 미묘한 표정이다. 나는 왠지 불편해져 레스토랑에서 도망치고 말았다.

이 호텔은 홍콩 본섬에서 떨어진 곳에 있어 설비도 서비스도 좋지만 본섬에 있는 같은 수준 호텔에 비해 상당히 저렴하다. 그래서인지 외국에서 온 개인여행자도 있지만 방은 대부분 대륙에서 온 사람들에게 점거당한다. 나는 어떤 회의에 초대돼 이 호텔에 머물고 있다.

호텔의 좁은 입구 앞은 언제나 대륙 관광객으로 붐빈다. 현관 안내인은 통행을 방해하는 일이 없도록 입구에 사람

홍콩만 연안의 풍경. (사진: 저자)

들이 모이지 않게 신경 쓰지만 대륙 관광객은 입구 앞에서 떠들고 포즈를 취하며 기념사진을 찍는다. 많은 사람이 한꺼번에 이동해 작은 마당을 점거해버렸을 때는 엄격한 규칙을 교육받은 현관 안내인도 포기한 채 조용히 지켜보는 수밖에 없었다.

*

회의 휴식시간에 거리로 나왔다. 이번에는 고층빌딩으로 가득한 중심부로 갈 여유가 없었기에 중심부에서 떨어진 신계(新界)라는 곳으로 발길을 돌렸다. 여기도 중심부와 같은 구조다. 아주 현대적인 백화점 곁에 규모가 큰 재래시장이나 가게와 음식점이 즐비하다. 홍콩과 인도는—양쪽 모두 길게 있어본 적은 없지만—유사성이 전혀 없는 사회임에도 닮은 듯한 인상을 준다. 한마디로 뿌리까지 완전히 식민지화할 수 없다는 말로 표현할 수 있다.

식민지로서 홍콩의 역사는 1세기 이상이었다. 그럼에도 중심부의 금융가를 제외하면 홍콩인의 생활 현장은 광둥사회와 거의 같은 모습을 유지하고 있으며 마치 영국과는 아무런 관계도 없는 것 같다. 번화가에 나가면 빠리나 뉴욕 같은 사무실과 백화점이 즐비하지만, 그 사이사이 상당한 면적에 현지 형식 그대로의 소박한 가게나 시장이 있다. 아무 매개 없이 함께 있는 두 이질적 세계는 위로부터의 식민지화가 사회의 기초까지 바꾸지는 못함을 말해준다. 특히 홍콩요리를 먹을 때 이를 느끼게 된다. 영국풍 양식(洋食)도 있지만 홍콩요리는 직접적으로 광둥요리다. 호텔에 가까운 먹자골목에는 홍콩 명물인 '거위구이' 가게가 있다. 회의 전날 축하 연회가 여기서 열려 맛있는 광둥요리가 테이블을 가득 채웠다. 소박한 가게 벽에는 전 홍콩 총독 펑 딩캉(彭定康) 씨와 주방장의 기념사진이 걸려 있는데 미식가인 펑 씨는 이곳 단골이라 한다.

광둥요리를 완고하게 지키고 있지만 홍콩인에게 광둥

인의 정체성이 있는 것은 아니다. 언제인지 나는 식사를 하면서 홍콩인 연구자들에게 물어본 일이 있다. "홍콩요리는 광둥요리와 같나요?" 그들은 일제히 "아니요, 달라요. 같은 요리가 아니에요. 홍콩요리는 더 섬세하고 맛있죠"라고 답했다.

홍콩이 중국에 반환된 뒤 대륙 관광객은 해마다 늘어나고 있다. 대륙인의 소비활동은 홍콩 경제를 지탱하기 위해 빼놓을 수 없지만 홍콩인에게 그들은 공포의 대상이다. 영국이나 다른 지역보다 중국 대륙에 위화감을 느낀다는 이야기를 몇번이나 들은 적이 있다. 홍콩은 항만도시로 동남아시아나 남아시아 사람들도 많은데 무슨 까닭인지 홍콩사회에는 대륙인에 대한 특별한 위화감이 있다.

이유가 있다.

요 몇십년 사이 홍콩의 중국 복귀로 대륙에서 홍콩으로 오기 쉬워졌다. 이로 인해 기묘한 현상이 일어나고 있다. 출산이 임박한 임산부들(아마 홍콩에서 가까운 지역에서 오겠지만)이 홍콩으로 와 아이를 낳게 된 것이다. 홍콩에 가는 이유는 한 자녀 정책을 벗어나 두번째 아이를 가지기 위해서이거나 홍콩 태생 아이는 홍콩 적(籍)을 가질 수 있기 때문일 것이다. 물론 아이가 홀로 홍콩에 남을 수는 없기에 태어난 뒤 엄마와 함께 대륙으로 돌아온다. 이런 일을 누구나 할 수 있지는 않다. 우선 부모에게 홍콩에서 아이를 낳을 만큼의 재력이 있어야 한다. 또 대륙에서 홍콩 적의 아이를 키우려면 불필요한 일들을 겪어야 한다. 일부러 그런 일을 하는 사람들은 나름의 계산이 있겠지만 일일이 조사할 여유도 흥미도 없다. 아무튼 홍콩의 산부인과 입장에서는 대환영이지만 병원이 대륙의 임산부로 가득 차서 현지의 임산부가 항의한다는 뉴스를 최근에 봤다. 이 까다로운 사태에 홍콩정부가 제대로 대응하지 못해 홍콩인의 불만이 이만저만이 아니라고 한다. 대륙의 여론도 이런 임산부들은 품격이 없다고 곱지 않은 시선을 보내고 있다. 그러나 임산부만이 아니다. 대규모 관광객은 지역경제에 이익을 가져다주지만 교양 없는 많은 사람들의 이동은 일부 홍콩인의 불편한 시선을 받고 있다.

*

올해 초 홍콩사회에서 격렬한 논쟁이 있었다. 일부 홍콩인이 시위를 통해 대륙인의 홍콩 방문을 반대한 것이 계기였다. 플래카드에는 홍콩을 노리는 메뚜기 한마리가 그려져 있어 홍콩이 위험하다는 메시지를 전했다. 대학생을 필두로 한 젊은이들은 그 플래카드에 표현된 차별의식을 비판했다. 그렇게 홍콩인 사이에서 대륙인을 어떻게 바라볼지에 대한 논쟁이 일었다.

생각해보면 메뚜기 이미지를 내세운 홍콩인의 심리를 이해 못하는 바 아니다. 하지만 차별감각을 내포한 이런 이미지를 받아들이는 것은 양심적인 사람에게는 불가능하다. 홍콩에 있으면서 참가한 심포지엄이나 다른 모임에서도 홍콩인들은 각각의 각도에서 '홍콩사회 비판'을 전개했다. 그들은 홍콩사회의 우월감을 비판했지만 모두 대륙인의 행위에 대해서는 신중하게 말을 아꼈다.

대륙인으로서 나는 발언할 의무를 느꼈다. 나는 대륙 임산부들의 행동과 홍콩의 차별의식을 동시에 분석해서 논해야 하며 홍콩인의 반응만을 한데 묶어 부정해서는 문제를 해결할 수 없다고 주장했다. 그때 한 홍콩인 연구자가 아주 흥미로운 발언을 했다. 지금은 홍콩인이 여유가 있어 보이지만 예전에는 지금 대륙인과 똑같지 않았느냐고 말이다. 예전 홍콩인도 될 수 있으면 미국이나 캐나다에 가서 아이를 낳으려 했던 것 아니냐고.

나는 고개를 끄덕였다. 대륙인에 대한 홍콩인의 공포감이나 배타의식과 똑같은 것을 상하이나 베이징 같은 대도시 시민에게서도 찾을 수 있다. 돈을 벌기 위해 도시로 온 농민을 어떻게 받아들일지를 둘러싼 베이징이나 상하이에서의 논쟁은 지금 홍콩인의 논쟁과 닮아 있는 것 아닐까? 이런 '지역적 트러블'에 실체적으로 관여하는 것만으로는 문제가 어디 있는지 제대로 파악할 수 없을 것이다. 바깥에 대한 이런 경계심의 이면에는 보다 일반적인 문제가 숨어 있는 것 같기 때문이다.

하지만 홍콩 연구자는 나의 이런 '일반론'에 즉각 찬성하지는 않았다. 그들은 문제의 방향이 바뀌는 것을 경계하는 듯 보였다. 내가 홍콩인의 배타성을 다른 문제와 함께 엮어버렸기 때문에 홍콩인의 배타성이라는 고유 문제가 지워져버릴 위험성이 있다고 그들은 반론했다.

이에 대해서는 전혀 이견이 없으며 그들의 논의도 아주 유의미하다. 하지만 나는 이 논의에서 벗어난 문제에 보다 주목하고 싶었다. 그것은 '이동'이라는 현상의 의미다.

*

일본인 친구들의 이동에 관한 공동 프로젝트를 계기로 나도 이동이라는 문제에 주목하게 됐다. 중국은 '이동의 대국'이라 할 수 있을 정도로 여러 이동을 상수로 하는 사회다. 세계에 퍼져있는 '화인(華人)네트워크'는 이를 잘 보여준다. 홍콩 TV뉴스 프로그램에서도 다음과 같은 대사가 나올 정도다. "지금 세계에서는 다섯 명 중 한 사람이 화인이다. 화인 뉴스에 주목하지 않으면 세계를 알 수 없다"라고.

그렇지만 여러 이동에는 문제가 따르기 마련이다. 이동의 반대항인 '정주(定住)' 측은 자기들의 이익을 빼앗길 수도 있다는 위기감 때문에 이동에 대해 과민한 반응을 보일 때가 많다. 화인사회 내부에서도 외부로부터 받는 차별 못지않게 곱지 않은 시선으로 이동을 대하기도 한다. 그렇게 정주 측의 도덕성도 시험대에 서 있는 것이다. 물론 이동하는 측도 여기서 자유롭지는 않다. 어쩔 수 없이 이동하는 경우도 있지만 이동하는 인간의 존엄이나 양식을 어떻게 지킬지는 중요한 과제다.

대만 친구 중에 대만사회에서 필리핀 노동자의 권리를 위해 싸우는 사회학자가 있다. 그녀가 현실에서 배운 것은 이동하는 사람과 정주하는 사람은 결코 상호보완적 관계에 있지 않다는 사실이다. 항상 변화하는 프로세스 속에서 이동이 정주만을 최종목표로 하는 것은 아니다. 여기에는 흥미로운 '생활의 변증법'이 있다.

홍콩의 작은 호텔에 머물면서 나는 이 변증법을 음미했다. 이동으로 인해 '정주' 측에 잠재된 배타성이라는 좁은 속내가 드러날 뿐 아니라, 이동하는 사람 측의 여러 욕망도 폭로된다. 국가의 의사로 이뤄진 이동이 아니기에 인간사회의 근본 문제가 보이는 것일지도 모르겠다.

22°

베이징은
큰비

2012. 10

7월 21일, 베이징에는 61년 만에 큰비가 내렸다.

베이징 사람들에게 비는 익숙하지 않다. 지리적 위치 때문에 큰비가 내리는 일이 그리 많지 않기 때문이다. 특히 비가 계속 내리는 일은 드물다. 베이징 사람 대다수가 비올 때 접이식 우산을 쓴다는 사실에서도 알 수 있다. 전차에 탈 때 젖어 있는 우산을 접는 일은 귀찮다. 그럼에도 대다수 베이징 사람이 접이식 우산을 쓰는 것은, 비가 항상 일시적이라 밖에 나올 때 우산을 써도 돌아갈 때는 개일 것이므로 접이식이 가방에 넣기 편하기 때문 아닐까 싶다. 지구온난화로 강우량이 증가했다고는 하나 베이징 사람은 큰비로 인한 피해를 예상 밖의 일이라고 느낀다.

7월 21일은 토요일이었다. 차를 몰고 교외로 나간 행락

객들은 아침 일기예보를 무시했다. 비가 오기 시작해도 시내 큰길은 여느 때처럼 차로 꽉 차 있었다. 베이징 주변지역에서는 비가 많이 오자 건축회사 등이 작업을 일시 중단했고 노동자는 휴식처로 잠시 돌아갔다. 모든 사람이 이 비도 금세 그치고 그날 계획은 예정대로 이뤄질 것이라 믿었다.

이상사태가 발생한 것은 그날 저녁부터 밤까지였다. 오후부터 비가 갑자기 맹렬하게 내리더니 물은 제대로 배수되지 못한 채 땅에 고였고, 강우량은 200밀리미터에서 400밀리미터까지 급증했다. 베이징 남서쪽에 있는 팡산구(房山區)는 국지적으로 600밀리미터까지 강우량이 늘어나 대홍수가 됐다. 이 지역에는 베이징에서 홍콩·마카오(澳門)까지 이어지는 고속도로가 있었는데, 저녁부터 강이 되더니 밤에는 6미터까지나 수심이 올라갔다고 한다. 고속도로는 가장 위험한 장소다. 일단 들어가면 결코 되돌아올 수 없으며 차를 버리고 도로 양측의 높은 벽을 넘어가기도 어렵기 때문이다.

그러나 고속도로 양측에 있는 마을은 더 심각한 사태를 맞이했다. 대홍수가 들이닥쳤을 때 피해의 중심이 된 팡산구 주민은 허겁지겁 피난해야 했는데 재빨리 도망칠 수 없는 노인이나 아이들은 도움이 필요했다. 또 집을 버릴 결심이 서지 않았던 주민은 피난을 거부했다. 베이징 시(市)정부의 구조활동은 전지역을 망라할 수 없었기에 죽느냐 사느냐의 순간적인 판단은 당사자에게 맡길 수밖에 없었다.

나중에 보도를 보니 베이징 주변 마을, 특히 팡산지역에서는 현지 사람들이나 경찰이 스스로 판단해서 구조활동을 벌인 모양이었다. 그들은 집집마다 다니며 피하라고 알렸고 움직일 수 없는 주민을 구조해 마을 사람들의 안전을 확인했다. 이런 구조활동 중에 다섯명이 목숨을 잃었다. 차로 마을 사람들의 피난 상황을 확인하다가 홍수에 휩쓸리거나, 길이 없는 곳에 길을 내려다 갑자기 감전사해서 젊은 나이에 순직하고 말았다. 그들의 희생으로 마을 사람들은 통곡했고 보도를 접한 많은 이들의 가슴을 울렸다.

이번 홍수의 희생자는 보도에 따르면 적어도 77명이다. 그러나 이 숫자는 더 늘어날 수도 있다. 피해지역은 넓고 특히 베이징 주변지역은 유동인구가 많아 등록되지 않은 사람은 행방불명이 돼 파악할 수 없다. 실제 피해는 훨씬 참혹하다. 희생자 대부분이 익사한 것으로 전해졌다. 시내의 입체교차 교량 아래에서 사망한 사람은, 다른 차가 모두 교량 바깥에 차를 세우고 있었는데 자기 차 성능을 믿은 나머지 일부러 교량 아래로 들어가버렸다. 구조대가 차를 끌어올렸을 때는 이미 숨을 거둔 뒤였다고 한다.

베이징 시내도 그렇지만 교외의 피해는 훨씬 심각했다. 산사태나 강 범람으로 가옥은 붕괴됐고 마을은 흙에 묻혔으며 많은 인명이 손실됐다. 살아남았다 하더라도 집이 완전히 파괴된 사람들의 숫자는 훨씬 많다. 팡산구의 많은 사람들은 어쩔 수 없이 피난생활을 하고 있다.

*

이번 재해는 어떤 의미에서 전사(前史)라고 할 만한 일이 있었다. 몇년 전 베이징에 처음으로 큰비가 내려 도로가 마비되고 지하철역까지 침수 피해를 겪은 것이다. 단 그때는 일시적으로 교통 피해가 생겼을 뿐 희생자까지 발생하지는 않았다. 베이징 지하철에 '지수이탄(積水潭, 물이 가득 찬 연못)'이라는 역이 있는데, 당시 인터넷상에서 사람들은 베이징의 모든 지하철역이 이제부터 '지수이탄'으로 이름을 바꿀 것이라고 농담을 했다.

그러나 농담이 아니었다. 당시 베이징의 지하 배수설비가 충분치 않다는 중대한 결함이 폭로됐다. 그럼에도 그뒤 여론의 압력이 지속되지 않는 등 이 문제는 근본 대책을 마련하지 못한 채 증발해버렸다. 이번 비상사태로 이 문제가 다시 떠올랐다. 홍수 이후 한 전문가가 베이징의 배수시설 문제를 논했다. 요 십몇년 사이 베이징이 급속하게 초대형 도시로 커지면서 콘크리트 지면이 대규모로 확장돼 흙이 없어져버렸다. 그래서 흙이라면 자연적으로 흡수할 수 있는 정도의 빗물도 지하 배수시스템에 의존할 수밖에 없다. 그러나 지하 배수시설은 충분히 건설되지 않았고 지상과 지하 사이에 일종의 틈새가 생기고 말았다. 게다가 건물 건축이 국가 계획을 훌쩍 넘어 급증한 것도 보이지 않는 위험의 씨앗이 됐다. 부동산 업자가 세운 단지는 독자적 지하 배수시스템을 거의 갖추지 않은 채 그냥 베이징 지하 배수시스템에 연결했기 때문에, 그렇지 않아도 불충분한 배수시스템으로 처리할 배수량이 배로 늘어났다는 것이다.

수많은 희생자를 낸 이번 재해로 베이징 시내 배수 문제만이 아니라 주변 농촌지대의 구조 등도 논란의 대상이 됐다.

베이징 주변에는 관광지가 많다. 아름다운 산과 호수로 유명한 관광명소가 많아 연중 관광객이 들끓는다. 원래 베이징 주변지역은 전통적으로 농경지대였으나 최근 10여년 사이에 서서히 관광지역으로 변신했다. 사람들은 '눙자러(農家樂)'라는 상품을 중심으로 돈벌이를 하고 농업은 부차적인 일이 됐다. 눙자러란 일본의 민슈꾸(民宿, 민박) 같은 것인데 신선한 식재료로 만든 가정요리나 현지 전원풍경으로 손님을 끈다. 베이징에서 차로 오는 손님은 작위적인 '원래 생태'에 만족한다. 그런데 그런 눙자러가 늘어나는 한편에서 충분히 정비된 지역과 그렇지 않은 지역이 생겼다. 강가에 불법건축을 세워 레스토랑을 내거나 강 주변에서 제멋대로 채소를 재배하는 일도 증가했다. 그런 일로 강에 오염된 진흙이 늘어나 물 흐름이 나빠졌다. 최근 지방정부는 강을 정비하기 위해 이런 불법건축을 철거하려 했지만 여러 이유로 좀처럼 이뤄지지 않았다. 물론 이번 홍수가 능자러 때문이라는 것은 아니다. 이런 이상기후는 지구온난화와 밀접한 관계가 있을 것이다. 하지만 베이징과 주변지역이 큰비에 대한 준비가 안 돼 있었다는 사실만은 부정할 수 없다. 급속하게 현대화를 꾀하고 있는 중국의 난제가 이번 큰비로 적나라하게 드러난 것이다.

이번에는 베이징 정부가 전력을 다해 구조활동을 펼쳤다. 구조대 파견이나 가설주택 건설 등은 빠른 속도로 이뤄졌다. 8월 초 팡산구에 5731채의 가설주택이 만들어져 집을 잃은 사람들을 수용했다. 집 재건을 위한 지원도 실제로 이뤄지고 있다. 도로를 정비함과 동시에 하천 정비사업도 대규모로 전개되고 있다. 그럼에도 정부에 대한 비판은 확산됐다. '전사'가 있었음에도 끔찍한 사고가 일어나서야 대응한다면 정부로서 실격이기 때문이다.

*

집에서 일을 하는 나는 이번 피해를 거의 실감하지 못했

큰비 직후, 베이징 시내의 자원봉사자 청년들은 식품이나 약 등을 사 모아서 교외의 피해지역으로 전해주러 갔다. (사진: 자오 디趙迪)

다. 뉴스보도를 통해 피해의 심각함을 지켜보며 점차 주목하게 된 것은, 앞서 말한 문제가 아니라 오히려 베이징 시민의 '상호부조' 패턴이었다.

7월 21일 급격한 뇌우로 도로가 강이 되고 나서부터 경험이 없는 시민들은 현장에서 서로 도왔다. 이동 중에 위험한 장소에 맞닥뜨리면 자발적으로 거기 서서 뒤에 오는 차나 사람들에게 알렸다. 경찰 구조대가 피해를 입은 차를 구조할 때도 우연히 그 장소에 있던 시민들이 힘을 모았다.

그날 베이징과 홍콩·마카오를 잇는 고속도로에서 홍수에 휩쓸린 장거리 버스가 있었다. 차 안의 손님 모두 버스 지붕에 올라갔고 수영할 수 있는 이들이 구조를 요청하러 갔다. 휴대전화는 불통. 조명도 없었다. 암흑 속에서 빗소리 외에는 아무것도 들리지 않았다. 절망의 순간 저 멀리

손전등 빛이 보였다. 근처에서 공사를 하던 인부들이 온 것이다! 그들은 자다가 일어나 즉각 현장에 달려왔다. 구조활동 경험이 전혀 없는 시골 노동자들이었지만 아주 위험한 상황에서 몇십명의 승객을 구출했다.

화제가 된 또 하나의 사례는 베이징 시민의 '사랑의 자동차'였다. 같은 21일 심야 버스나 택시가 운행중단이 돼 베이징 공항에 도착한 사람들은 시내로 들어올 수단이 없었다. 누군가가 인터넷 블로그로 이 상황을 전달하자 시민들이 자발적으로 조직한 자원봉사 자동차가 깜빡이를 켜고 모여 공항으로 구조하러 갔다. 공항에 있던 사람들은 처음에 깜빡이를 켠 자동차에 당황하면서 타지 않으려 했다. 잠시 혼란이 인 뒤 공항 직원의 유도로 사랑의 자동차는 순조롭게 합승 자동차가 돼 무료로 사람들을 실어 나르기 시작했다. 심야에서 새벽까지 모든 차가 시내와 공항 사이를 몇번이나 왕복했다고 한다.

베이징 사람(베이징에 호구가 없는 농민공도 포함)의 상호부조 행위는 그뒤 미디어에서 대대적으로 보도됐다. 그것을 도덕적 행위로 다뤘지만 나의 감상은 다르다. 중국 사회의 진면목이 이런 이상사태 속에서 섬광처럼 빛났던 것 아닌가 한다.

이는 중요한 공공업무를 관료나 사회 각층의 공적 조직에만 맡기지 않는 전통에서 유래하는 것으로, 긴급시에도

218

각자 스스로 행동하는 시스템이다. 물론 이 시스템에는 긍정적인 면과 부정적인 면이 동시에 있다. 상호원조도 있는 반면 불법건축도 있어 질서를 어지럽히는 일은 피할 수 없다. 또한 정부의 관리시스템과 어떤 관계를 맺는지도 사안마다 다양하다. 중국은 근대적인 법치국가로 변신하는 중이지만 그렇다고 이런 시스템이 없어지지 않는다.

큰비가 오고 1주일이 지난 저녁, 한 이벤트에 참가한 뒤 집에 돌아오는 길이었다. 이날도 비가 와 버스 안은 상당히 혼잡했다. 나는 버스가 익숙하지 않아 어디에 서야 할지 자리를 찾지 못하고 있었다. 차장은 젊은 청년이었는데 우렁차게 차 안에서 소리쳤다. "누군가 노인을 위해 자리를 양보해주세요"라고. 차 안에 작은 움직임이 일었고 젊은 남자 한명이 일어섰다. "노인은 어디에 계신지"라고 그가 묻자 차장은 나를 가리키는 것 아닌가. 머리카락을 염색하지 않는 나지만 노인으로 불릴 것이라고는 상상도 못했다. 하지만 당황스럽기만 했던 내 마음은 어느새 부드러워졌다. 중국에 살고 있음을 이 순간 실감했기 때문이다.

23°

우리 민중의
'불혹'

2012. 12

올해(2012년)는 중국과 일본이 국교 정상화를 한 지 딱 40년이 된다. 40년째와 39년째를 비교하면 시간상으로는 별로 질적인 차이가 없지만 인간의 이상한 습성 때문에 딱 떨어지는 숫자인 40년 쪽에 묘한 의미를 두게 된다. 무한한 자연시간에 마디를 새기는 것은 아마 인간의 생명이 짧기 때문이겠지만, 아무튼 공자의 고훈(古訓)에 따라 '불혹의 나이를 맞이하는' 의미에서 중국과 일본 사람들은 올해를 '중·일 우호'의 해로 정하고 각기 마음을 다져왔다.

8월 들어 지금까지 잠재적으로 존재해온 불안정한 요소가 폭주하기 시작했다. 댜오위다오(釣魚島)·센까꾸(尖閣) 열도를 둘러싼 충돌이 서서히 확대됐다. 9월 초 우한(武漢)이라는 신해혁명 발상지에서 학생들에게 강연했을 때 학생들로부터 "어떻게 불매운동을 성공시킬까"라든가 "일본과 국지적으로 무력충돌을 일으키는 쪽이 좋지 않을까"라든가 하는 질문까지 받았다.

9월 중순 심포지엄을 위해 토오꾜오에 갔다. 출발 전날 동생으로부터 휴대전화 메시지가 왔다. "위험하니까 일본에 가지 않는 것이 어때?"라고.

확실히 평범한 중국인의 눈에 일본은 위험한 존재다. 섬을 산다는 국내적 행위를 정부에 의한 '국유화'라는 국제정치로 매개 없이 전환해, 40년 전의 '영토 귀속 유보'라는 기성사실을 일방적으로 파기했기 때문이다. 그렇지만 일본사회가 이 사실을 똑같은 관점에서 보는 것은 아니다.

오랜만의 토오꾜오였다. 딱 그 시기에 중국 각지에서 반일 시위가 빈발했고 일부 도시의 시위대가 과격해지는 현상도 현저했다. 일본 TV에서 반복되는 동일한 과격화 장면을 보며 미디어의 힘을 느꼈다. 그렇지, 이렇게까지 반복되면 일본인의 뇌리에 '중국은 미쳤다'라는 관념이 남아도 할 수 없겠구나.

토오꾜오의 심포지엄장에서는 중일관계에 대한 솔직한 의견 교환이 가능했다. 오랜만에 친구들과 환담하는 것도 재미있었다. 저녁에 번화가로 나가 야외 카페에서 친구와 이야기하며 오가는 사람들을 보다 보면, 토오꾜오 사람들에게 후꾸시마나 센까꾸는 모두 먼 문제인 듯 보여 위기를 잊을 수 있었다. 아니 원래 위기란 느끼지 않으면 존재하지 않는 것이나 다름없을지 모른다.

9월 19일은 베이징에 돌아오는 날이었다. 하네다(羽田) 공항은 시간대 때문인지 조용했다. 출국 수속 장소도 텅 비었다. 1년 동안의 복수 비자가 9월로 끊기기 때문에 여권과 함께 "반환합니다"라고 하면서 외국인등록증명서를 내밀었다. 입국관리 창구의 젊은 청년은 아주 친절하게 "포기하는 거예요? 아깝네요, 당신은 교수 비자라서 출입국관리소에 가면 비자를 간단하게 연장할 수 있어요." "정말요? 처음 듣네요." 청년은 맑게 웃으며 설명을 이어갔다. "만약 출입국관리소에서 수속을 밟으면 다음번 비자 신청 비용도 절약할 수 있고 수고도 덜 수 있어요."

고마운 정보였지만 정작 중요한 부분, 즉 이 연장 수속에 필요한 조건이 무엇인지까지는 청년도 모르는 듯했다. 결국 자세한 정보를 얻지 못한 채 나는 외국인등록증을 포기하고 일본에서 출국했다. 하지만 다음에 일본에 올 때 반드시 출입국관리소에서 확인하겠다고 청년에게 약속했다. 그는 수속을 마치고 외국인등록증에 구멍을 뚫어 나에게 줬다. "그럼 기념으로."

평소 세세한 일에 신경 쓰지 않는 나지만 무효가 된 이 외국인등록증을 소중히 지갑에 넣었다. 국가 간에 트러블이 일어났을 때도 하네다공항에서 이름도 모르는 일본 청년이 베푼 이 작은 호의는 기념해두어야겠다고 생각했기 때문이다. 그것은 비자 비용을 절약하는 것보다 훨씬 가치가 있다.

*

베이징공항에 착륙하자 벌써 날이 저물어 있었다. 택시에 타서 아무 생각 없이 기사와 이런저런 얘기를 나누었다. "시위는 어떻게 됐어요?" "벌써 끝났죠." 기사는 40대 후반으로 베이징 주변의 농촌에서 온 사람 같았다. "당신은 참가하지 않았나요?" "그렇게 한가하지 않아요. 그래도 일본인은 내 차에 못 타게 할 겁니다." 내가 다소 도발적으로 "만약 그 일본인이 중국인하고 결혼했다면?"이라고 하니 다소 당혹스러워했다. 또 "만약 중국이 좋다는 일본인이라면?" 했더니 답하지 않았다.

그뒤 기사는 말없이 운전했다. 그러는 중에 차가 이또오요오까도오(대형마트 및 편의점을 운영하는 일본의 유통회사) 베이징점인 '화탕백화점(華堂商場)' 앞을 지났다. 깜깜한 저녁에 유리건물은 한층 더 빛나 보였다. 에스컬레이터의 움직임도 뚜렷이 보인다. 모든 것은 평온했다.

며칠 지나 짬이 생겨 집 근처 유니클로에 가봤다. 여기도 여느 때처럼 쇼핑하는 사람들로 붐비고 있었다. 초밥가게 등 일본 요리점도 영업 중이었다.

미디어를 보면 댜오위다오 관련 보도는 줄어들지 않았다. 하지만 중국에서도 일본에서도 이 화제는 현실생활에서 동떨어져 있었다. 멀리 있는 저 섬은 우리의 일상생활과 어떤 관계가 있을까?

항상 장을 보는 단지 안 채소가게 아저씨는 오랜만에 내 얼굴을 보자 "일본에서 돌아온 거죠? 일본 친구들하고는 잘 지내요?"라고 걱정해줬다. 웃으면서 오랜 사이인데 이런 일로 망가지지 않는다고 답하자 채소가게 아저씨가 같은 표정을 지었다.

중·일 사이에 가장 긴장된 역사의 순간에 우연히 두 사회를 왕래했다. 이 일로 민간인 사이에 이미 존재하던 관계가 결코 파괴되지 않았으며 민간인 사이의 호의도 결코 저해되지 않았음을 내 눈으로 확인했다. 그렇다면 이런 사실과 두 사회의 대립은 어떤 관계가 있을까?

*

섬을 둘러싼 갈등은 국가의 행위다. 그러나 결코 국가행위로 끝나는 사태가 아니다. 민간인도 여러 생각으로 관여하기에 결국 주권 문제가 아니라 사람이 어떻게 사느냐의 문제로 전화할 것이기 때문이다.

224

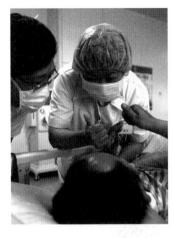

2008년 쓰촨대지진 직후, 일본 의료구조대가 현장으로 몰려갔다. 간호사인 타까노 히로꼬(高野博子) 씨가 환자를 격려하는 장면을 『광밍르바오(光明日報)』가 보도했다. (사진: 가오 텅高騰)

격렬한 반일 시위 직후 중국의 한 신문이 다음과 같은 기사를 게재했다.

'카와하라(河源)'라는 일본 청년이 있다. 그는 2011년 말 중국에 와서 자전거로 세계일주 여행을 시작했다. 중국은 그 출발지였다. 이때 동일본대지진의 기억도 있어서 자전거 뒤에 '일본 힘내라, 중국 고마워요'라는 팻말을 달고 중국의 넓은 땅을 달렸다. 그것은 3·11의 트라우마에 시달리는 일본사회를 응원하는 마음과 중국사회의 지원에 감사하는 마음을 함께 표현한 것으로 여행의 원동력이었다.

올해 3월 카와하라 씨는 우한에 잠시 머물렀다. 거기서 그는 중요한 동반자인, 그가 '여자친구'라고 부른 자전거를 도둑맞았다. 그는 필사적으로 모든 지인의 도움을 얻어 자전거를 찾으려 했다. 우한에서는 인터넷을 통해 즉각적으로 이 정보가 퍼져 사람들이 열심히 자전거를 찾기 시작했다. 인터넷의 남다른 힘으로 결국 5만명의 우한 시민이 이 '여자친구 구원활동'에 참여했다. 그 결과 자전거가 카와하라 씨 곁으로 돌아온 것은 물론이다. 이 사건을 미디어에서도 보도해 카와하라 씨는 중국에서 유명인이 됐다.

이 사건은 인터넷이 최근 중국사회에서 어떤 역할을 하는지를 선명하게 보여준다. 7월 베이징에 나타난 '사랑의 자동차'도 비슷한 성격이었는데 카와하라 씨의 자전거 찾기 이야기는 일본인에게 협력한다는 점 때문에 상이한 측면에서 조명됐다. 일본인에 대한 중국인의 우호감정으로 인식된 것이다. 신문 기사에 따르면 당시 일본에도 이 일이 보도됐다고 한다.

6월 국내에 없던 나는 이 '여자친구 구원' 사건을 몰랐다. 9월에야 비로소 알게 된 것은 카와하라 씨가 새로운 행동으로 다시 미디어의 주목을 받았기 때문이다.

*

9월 8일 윈난에 대지진이 일어났다. 간호사인 카와하라 씨는 현지에서 구원활동을 하기로 결심했다. NGO 등의 조직에 참가하지 않고 페이스북에서 알게 된 일본인 엔도오(遠藤) 씨와 현지에서 합류하기로 했다. 엔도오 씨는 베트남에서 중국에 왔는데 중국어를 전혀 못해 고생하면서 반일 시위가 한창인 9월 17일에 윈난성 동쪽의 구이저우성(貴州省) 구이양시(貴陽市)에 도착했다.

카와하라 씨는 중국인에게 80킬로그램의 약 등 구원물자를 모아 자력으로 현지로 옮기려 했다. 그들은 9월 중순 반일 시위가 격렬해지는 와중에 출발했다. 언제 어디서 극단적인 중국인에게 폭행당할지 모르기에 주변 중국인들은 걱정했다. 카와하라 씨의 친구인 중국인 대학 교원은 약을 기부하면서 이런 편지를 동봉했다. "당신만 무사하다면 구호물품을 전부 잃어도 상관없어요. 위험을 느끼면 즉시 그 자리를 뜨세요. 나는 당신을 멈출 수 없지만 무사하길 빌어요. 카와하라 씨, 나와 학생들은 기다리고 있으니 제발 무사히 돌아와주세요"라고.

카와하라 씨는 수많은 인터뷰를 했다. 그중에서 가장 많은 질문은 지금처럼 반일감정이 격렬할 때 왜 피해현장에 가는지였다. 그는 다음과 같이 답했다. "지금 저는 일본에 관한 거의 유일한 좋은 뉴스입니다. 제가 안 가면 일본에 관한 좋은 이야기가 없어지니까요."

일본 미디어는 카와하라 씨의 자전거 찾기 건으로 이미 만들어진 중국 이미지에 자그마한 수정을 가했다. 마찬가지로 카와하라 씨의 모험도 중국인의 일본 이미지에 새로

운 계기를 가져다줬다. 과격한 소란이 한편에 있지만 다른
한편에는 필사적으로 진원지로 가 중국인 이재민을 자기
손으로 도우려는 일본인이 있는 것이다. 확실히 일본에 관
한 좋은 뉴스였다.

하지만 좋은 뉴스는 이것만이 아니다. 10월에 나는 상하
이에서 '아시아 사상 포럼'에 참여했다. 일본에서는 아라
사끼 모리떼루(新崎盛暉)와 이따가끼 유우조오(板垣雄三),
한국에서는 백낙청, 인도에서는 파르타 차터르지(Partha
Chatterjee)와 아시스 난디(Ashis Nandy)가 참여했다. 이 포
럼은 1주일 이상 이어지며 천천히 논의를 진행했다. 아라
사끼나 이따가끼는 센까꾸 문제를 민중의 시점에서 어떻
게 볼지의 문제를 주권이나 영토라는 시각과 다른 위상에
서 전개했다. 근대국가는 주권을 정당화함과 동시에 전쟁
까지 정당화했다. 지금이야말로 우리 민간인의 힘으로 그
어떤 전쟁도 허용하지 않는다는 공동인식을 만들어가야
하는 시기인 것이다. 회의 장소에서 중국인 청중들의 박수
가 울려 퍼졌다.

나는 그런 국가를 넘어선 공동인식을 만들기 위한 기반
이 존재한다고 믿는다. 과거의 아픈 역사를 되풀이하지 않
기 위해 무수한 카와하라 씨나 중국인 친구들은 이 기반을
서서히 만들어나가고 있다. 이것이야말로 우리 민중의 '불
혹'이다.

24°

민간지식인의
유토피아

2013. 2

  10월 초 상하이 교외 진쩌(金澤)라는 작은 마을을 방문했다. 여기는 상하이, 저장성, 장쑤성(江蘇省)의 접점에 있는 곳으로 인구 이동이 엄청나다. 거리의 젊은이들은 대부분 타지에서 돈을 벌기 위해 온 이들이며, 이들이 농사나 다른 일을 맡아주기 때문에 이 지역 청년들은 고향보다 훨씬 풍요롭고 현대적인 도시지구로 이동했다고 한다.

  그런 진쩌에는 긴 역사가 있는 강이 흐른다. 원나라 시대의 오래된 다리도 있고, 송나라 시대의 오래된 사찰도 참배하는 사람으로 북적인다. 이른 아침 강 쪽으로 난 창문을 열면 남방 특유의 풍경이 상쾌하게 펼쳐진다. 강변 버드나무 아래에는 부지런히 빨래하는 여성들이 띄엄띄엄 풍경의 일부를 이룬다.

우리가 머문 곳은 호텔이 아니다. 주인은 후(胡) 씨라는 60세가 넘은 남성이다. 그는 닝보(寧波)의 상인가문 출신으로 소년일 때 혁명 중국의 사회개조 운동에 매혹돼 젊어서 노동자가 됐다. 성년이 돼서는 티베트에서 화가로 작품 활동을 펼쳐 돈을 모았다. 그뒤 일본에 유학해 야나기 무네요시(柳宗悅)가 주창한 민예에서 전통문화의 부흥을 꾀한다는 발상에 푹 빠져 힘을 얻고 중국에 돌아와 그것을 실현하겠다고 결의했다. 고생 끝에 홍콩 상인인 친구의 재정 지원을 받아 진쩌에서 고진(古鎭)을 만들려 하고 있다.

후 씨의 '고진 만들기'는 집짓기에서 가구나 일용품 디자인, 나아가 생활양식까지 모든 것을 '전통부흥'의 방향으로 유도하는 일이다. 그의 포부를 처음 들었을 때 매우 놀랐다. 명백히 돈 끼호떼식 유토피아 아닌가. 전통을 버리고 서양식 현대화에 매진한 사회 풍조를 거스르는 이런 행위는 어떻게 실현될 수 있을까?

후 씨가 짓고 있는 '고진'에 가봤다. 이미 약 60만무('무畝'는 중국 토지 면적 단위로, 60만무는 6만6천 제곱미터)의 땅을 사 모았다. 폐기된 공장 등을 개축해 전통문화 박물관으로 바꾸었다. 말라비틀어진 농지를 정비해 전통적인 강남정원을 건축했다. 우리가 머문 곳도 그 정원에 있었다. 버드나무와 금목서(金木犀)로 된 정문으로 들어가자 몇몇 2층 건물이 작은 마당을 둘러싸고 유유히 서 있고 돌로 포장된 길이 곡선을 그리며 안마당으로 이어진다. 좁은 개천에는 맑은 물이 흐르고 이름 모를 수생식물 아래 물고기가 여유롭게 오간다. 돌로 포장된 길을 따라 안마당에 들어서면 유교 의식을 거행하기 위한 널찍한 식장이 있다. 결혼식을 비롯해 여러 전통의례가 여기서 열린다. 후 씨의 아들도 일본인 신부와 여기서 중국식 전통 혼례로 식을 올렸다. 더 안쪽으로 가다보면 양측에 나란히 서 있는 2층집 벽에는 등나무 잎이나 초롱으로 장식된 한적한 공간이 사람을 맞이한다. 좁은 개천은 길 따라 흐르고 뒷마당에서 연못에 모인다. 연못 다리 위에서 수련이나 그 아래 잉어를 보고 있자니 시간이 200년 전으로 되돌아간 듯한 황홀한 느낌을 받는다. 하지만 이 연못 옆에 서 있는 사무동은 아주 현대적인 설비를 갖추고 있다. 고풍스러운 계단을 오르면 전통적인 응접실에 있는 소박한 서가에 다양한 언어의 서적이 꽂혀 있다. 안쪽 책상에는 세대의 컴퓨터가 있고 그외의 사무용 기기도 모두 갖춰져 있다. 그날 밤 나는 여기서 마감이 임박한 원고를 토오꾜오로 보냈다.

이런 정원식 건축은 모두 여섯군데나 있다고 한다. 모든 정원에는 쾌적한 회의실 등 활동공간이 충분히 있고 식당이나 숙박용 방도 여러개 마련돼 있다. 방은 세세한 부분까지 세심한 인테리어로 꾸며져 있다. 훌륭한 합숙시설이지만 후 씨는 아직까지 적자라고 한다. 그렇다고 적극적인

후 씨가 만든 정원. (사진: 저자)

외부 영업을 하는 것 같지는 않았다. 왜냐하면 그는 이곳을 숙박시설로 짓지 않았기 때문이다. 그에게는 보다 야심찬 이상이 있다. 여기를 거점으로 '민예(民藝)부흥'을 꾀하는 것이다!

*

후 씨가 생각하는 민예부흥은 민예품에 국한되지 않는다. 서양을 추종하는 방식으로는 중국식 근대를 이룩할 수 없다고 통감했기에 소형사회 모델을 나름대로 만들어나가려 하고 있다. 그는 도시화가 언젠가 막다른 골목에 다다를 것이고 사람들은 시골로 돌아올 것이라고 확신하며, 이때를 위해 농촌 모델을 제공하려는 것이다.

후 씨는 말한다. "중국 마을은 자기 전통양식을 잃어버렸다. 본래의 지역성을 잃어버린 것이다. 지역성을 상징하는 민예품을 부활시킴으로써 중국 마을을 부활시킬 수 있다. 예를 들어 티베트 사람은 한족의 옷을 입으면 자기 전통 춤을 출 수 없다. 마을도 그렇다. 민예를 잃어버리면 마을도 스스로를 잃어버리는 것이다."

그의 안내로 민예박물관을 견학했다. 그런 상징적인 민예품이 산더미처럼 쌓여 있었다. 손으로 만든 일용품에서 와당(瓦當)까지, 자수가 들어간 전통의상에서 여러 장식품까지, 예로부터 생활에 필요한 것이 상당수 모여 있다. 그러나 옛날 것은 아니고 거의 모두 그가 마을 사람을 동원해 만든 것이라 한다. 이런 물건들을 만듦으로써 마을 사람 일부가 일을 얻어 생활할 수 있게 된다. 하지만 이것도 결코 후 씨의 궁극적 목표가 아닌 듯했다. 장래에 도시에서 시골로 사람들이 돌아올 때 진쩌가 그것을 흡수할 준비가 돼 있다고 그는 우리에게 자랑스레 선언했다.

후 씨가 진쩌에서 새로운 고진을 발족했을 때, 이 마을은 상당히 황폐했다. 밭은 화학비료나 농약의 대량사용으로 엉망진창이었고 폐기된 공장도 오염 덩어리였다. 오염

물을 제거하기 위해 흙까지 바꿨다고 한다. 방대한 에너지와 예산을 쏟아부은 것이다. 그뒤 마을 사람들의 지원으로 정원을 만들면서 문화부흥을 꾀하려 했다. 후 씨는 이 정원을 개방해 마을 사람들의 이벤트 홀이나 축제 공간으로 썼다. 마을 사람들을 위해 무엇을 할 수 있을까 생각해온 후 씨는 마을의 공터를 활용해 야외무대를 만들었다. 노인들은 자발적으로 무대에 올라 호궁(胡弓)을 켰다. 후 씨는 여기서 또 힌트를 얻어 마을 사람들과 의논해 마을 춤 대회를 기획했다. 이들 이벤트는 점차 다른 마을에도 퍼져 지방정부 지원으로 마을마다 무대가 만들어질 정도로 확장됐다.

*

후 씨의 노력은 젊은 세대의 관심을 끈 것 같다. 유기농업의 거점을 만든 초창기에, 지원해온 몇몇 대학원생에게 관리를 맡긴 일이 있다. 후 씨는 씁쓸한 얼굴로 그때 경험을 회상했다. "그 아이들은 각각 컴퓨터를 한대씩 손에 들고 인터넷을 검색하면서 밭을 관리했지. 덕분에 일년 내내 두번밖에 채소를 못 받았어. 농업관리를 맡긴 지 일년 동안 거의 수확이 없었어. 이듬해부터 교양이 없는 마을 사람들에게 부탁했더니 유기농업이 훨씬 성공적이었지."

우리도 유기농장에서 점심을 먹었다. 밭에서 방금 수확한 신선한 채소와, 농장 쌀로 지은 밥은 정말 맛있었다.

며칠 머물면서 이 작은 마을에 애착이 생겼다. 동시에 후 씨에 대해 묘한 생각이 들었다. 그의 이상은 진쩌의 작은 고진을 상하이 부자들의 뒷마당으로 만드는 것이 아니라 중국의 도시화가 막다른 골목에 다다랐을 때 노아의 방주로 삼겠다는 것인데, 실현 가능한 현실적 발상으로 받아들이기에는 뭔가 석연찮은 구석이 있었기 때문이다.

*

진쩌를 떠나고 얼마 지나지 않아 광저우에 있는 중산(中山)대학에 갔다. 그곳 역사인류학 모임 회원의 소개로 그들의 현지연구 거점 중 하나이자 쑨 원(孫文)의 고향인 중산시의 한 마을에 가봤다.

광둥성(廣東省)은 중국 경제개혁의 선두주자다. 주강(珠江)이라는 강 유역은 지금 매우 풍요로워졌다. 그런데 광둥 서북부 산간지역은 토지가 황폐해 지금도 빈곤하다. 최근 성 내부의 빈부 격차로 인해 사람의 이동이 현저해졌다. 현지에서 이 현상은 '새장을 열어 새를 바꾼다'라는 비유로 표현된다. 즉 풍요로운 지역에서는 한창 일할 나이의 농촌 노동력이 돈을 벌기 위해 도시로 떠나고, 텅 빈 마을로 빈곤한 시베이(西北)에서 농민들이 들어온다는 것이다. 이렇게 농촌에서 다른 농촌으로 돈벌이를 위해 이동하는 일은 중국 전체에서 볼 수 있는 일반적 현상이다.

중산시의 마을에는 화교가 많다. 또 중국 둥난(東南)지역 풍습 때문에 마을마다 자리한 마을사당(村廟)보다도 종족의 사당이 발달해 있다(사당에 관해서는 242면 참조). 진쩌에서 후 씨가 고생하면서 소생시키려는 전통문화가 여기서는 사당을 통해 지켜져왔다. 우리는 몇몇 사당에 들어가봤다. 사당에는 거의 예외 없이 몇백년의 역사가 있었다. 과거에 급제한 이를 기리기 위한 비석이 있는 사당이라든가, 난양(南洋)에서 돈을 번 사람이 종족의 자랑으로 삼기 위해 세운 사당이라든가, 여러 사연이 있는 종족사당이 지금도 건재하다. 모든 사당이 노인이나 여성으로 붐비는데 다른 성씨를 가진 사람도 사당에 모셔져 있을 것이다. 사당은 마을사당보다 인간미로 넘쳐흐르며 당연한 일이지만 후 씨가 인위적으로 만든 진쩌의 정원보다 자연스러운 형태의 마을 공공 공간이다. 정월 축제 외에도 평소에 마을 사람들은 사당에 모여 집회를 열거나 차를 마시거나 장기를 두면서 즐긴다. 사당은 살아 있는 전통문화의 장인 셈이다.

한 사당 바깥에 마을의 족보를 만든다는 간판이 보였다. 이 마을에는 류(劉) 씨 성이 많아 이 사당도 '류'라는 종족의 사당이었는데 족보를 만든다고 해서 결코 류 씨 것만 만들지는 않는다. 원래 이 마을에서 3대 이상 살면 자기 족보를 만들 권리가 생긴다고 한다.

지금까지는 노인이나 여성이 축제 등 의식을 지키고 평소의 마을 문화를 지탱해왔다. 그런데 세대가 거듭해 외지에 나간 젊은이들이 나이를 먹으면 누가 마을 문화를 지켜갈 것인가? 이런 의문을 이 한장의 간판이 주는 힌트로 해소할 수 있을 것 같았다. 인간이 이동해도 마을의 문화 자체는 전승된다. 계승하는 주체는 외부인을 흡수함으로써 새로 형성되는 공동체다. 사람이 활발히 이동하는 중국사회의 논리는 역사 속에서 유연하게 단련돼왔다. 사람의 이동에 따른 전통 파괴를 어떻게 억제하고 전통을 어떻게 재형성할 수 있을까, 이것이야말로 전통 자체의 생명력이 겪어야 하는 험한 시련이다.

중산 온천의 마당에 있는 큰 돌에 개혁을 견지하자는 덩샤오핑(鄧小平)의 슬로건이 새겨져 있다. "걸어온 길을 되돌아가지 마라." 그 돌 앞에 서서 나는 후 씨의 유토피아를 이해할 수 있을 듯했다. 걸어온 길을 되돌아갈 수는 없지만 중국 시골에는 여러 힘이 그 길을 망각에서 구출해내고 있다. 이 사회에 유토피아라는 '현재'가 있는 한 전통은 과거에서 미래로 이어진다는 가르침인 것이다.

사람의 눈으로
중국을 발견하다

2014. 9

"중국은 어디에 있는가?" 광저우의 역사인류학자인 친구는 어느날 이렇게 질문했다. 전공이 다른 우리 둘이 편집자의 제안으로 대담했을 때였다.

이 친구는 중산대학의 모임을 이끌며 오랫동안 화난지구(華南地區) 종교의 존속이나 사회생활에서의 역할 등을 연구해왔다. 그 연구를 '지역연구'라고 평가한 사람에게 그는 언제나 반발한다. '지역'은 아니라고.

고증할 수는 없지만 원래 지역연구란 미국에서 도입된 범주일 터다. 여기에는 원리가 아닌 재료, 전체가 아닌 부분이라는 어감이 암암리에 포함돼 있다. 미국의 동아시아 연구는 그런 지역연구 가운데 하나일 것이다. 요즘은 미국과 유럽 사람들도 서양 중심주의를 경계하는 경향이 강해져 선진국 연구자도 자국을 '하나의 지역'이라고 지칭하는 듯하다.

그렇지만 친구가 보인 지역연구에 대한 반발은 이와는 다른 이유다.

화난지구는 중국의 근대를 체화한 곳이다. 유명한 캉 유웨이(康有爲)나 량 치차오(梁啓超)도, 신해혁명의 아버지 쑨 원도, 그리고 19세기 말 상하이에서 산업을 일으킨 것도 주로 광둥 중산현의 실업가들이었다. 그것만이 아니다. 역사상 중국과 주요 외부세계를 연결해온 곳이기도 하다. 바깥을 향해 화교 네트워크를 만들어 광저우를 교두보로 세계 여러 나라와 무역관계를 맺었다. 중국 역사를 보다 어두운 색채로 물들인 아편도 대부분 인도에서 재배된 뒤 배를 통해 이곳으로 옮겨졌다. 아편전쟁도 청조의 정부가 무능했기에 광둥의 현지 힘으로 싸웠다. 이런 여러가지 역사의 경위는 화난이라는 지방의 문화적 두터움으로 축적돼 있다.

시간을 내어 예전 항구였던 황푸촌(黃埔村)을 안내받았다. 이 마을은 바다에 접해 있어 18세기 중엽부터 청조 정부 명령으로 중국 유일의 무역항이 됐다. 지금 광저우는 항만도시의 면모를 상실했지만 당시에는 베네찌아급 '물의 도시'였다. 그리고 그 도시의 입구가 광저우 남쪽 황푸였다. 당시 인도·페르시아·서유럽·미국 등에서 온 상인들

황푸촌에서 채소를 파는 아주머니. (『황푸촌에 오다(走進黃埔村)』, 광둥자오위(廣東敎育)출판사 2012)

은 이 황푸촌의 세관을 경유해 광저우로 들어가 여러 무역 활동을 펼쳤다. 광저우로부터 차·비단·도자기 등 중국 상품이 세계로 수출됐고, 세계에서 여러 문화 요소가 유입됐다. 황푸촌의 건물은 화난지구 건축양식이지만 유리창은 마치 서양 교회처럼 색색으로 장식돼 있다. 19세기 광둥 지역에는 '외상화(外商畵)'라는 독특한 미술양식이 있었다. 서양 유화나 스케치 기법을 들여와 서양의 시선으로 당시 광둥의 일상생활을 그린 것이다. 모두 외국에 팔기 위해 그려진 것이어서 외상화로 불렸다.

외상화의 테마 중 하나는 황푸촌 항구 풍경이다. 거기에는 이미 사라진 예전 항구가 생생하게 재현돼 있다. 바다를 굽어보는 일대는 만국기로 장식돼 국제사회 자체를 표현하는 듯하다.

그런데 마을에 접어들면 풍경은 완전히 달라진다. 관광을 위해 복원한 고풍스러운 건물이 이어진다. 큰 고목 아래 할머니들은 여유롭게 현지의 채소나 과일을 늘어놓고 소박하게 장사하며 시간을 보낸다. 이곳에 몸을 맡기고 상상을 펼치면 예전 생활양식이 보이는 것 같다.

*

황푸촌은 4대 종족이 지탱해왔다. 이 네 종족에서 여명기 근대 중국 제조업과 상업의 주요인물이 나타났고 군사·외교 엘리트가 배출됐으며 현대 중국에서 손꼽히는 경제사가 등 빛나는 지식인도 탄생했다. 그들이 활약한 무대는 중국에 국한되지 않고 세계까지 확장됐다. 이 작은 마을에서 근현대 중국사의 한 흐름이 형성된 것인데 그 비밀은 도대체 무엇일까?

친구는 마을을 안내하면서 이런 식으로 말했다. 지금 중국 언론계에는 '해상 실크로드' 등이 회자되지만 사실 달라요. 실크로드는 어디까지나 일방통행 '길'이지만 이곳은 오히려 네트워크지 길이 아니야. 황푸촌도 광저우도, 그리고 광둥지역도 동남아시아·서아시아·아프리카·유럽처럼 넓은 세계로 이어지는 네트워크의 결절점이야, 라고.

나는 고개를 끄덕였다. 이 지역에서 태어난 사람들에게 나라란 이 네트워크에 의해 비로소 의미가 부여되는 것이었다. 그래서 그들의 시야는 자연스레 글로벌 스케일이다. 그럼에도 그들은 결코 문화적 정체성을 상실하지 않았다.

황푸촌에는 '사당(祠堂)'이라는 특유의 종교 건물이 산재해 있다. 선조를 기리기 위한 장소로 종족의 구성원이 친족 내 일들을 의논하기 위한 장소이기도 했다. 네 종족 중 후(胡) 씨족은 마을에 사당을 일곱개나 세웠다고 한다. 현존하는 두개의 사당을 보면 건축방식, 배수 설계, 조각 디자인, 그리고 깃발을 꽂아놓는 정문 앞 돌단(과거에 합격했을 때만 깃발을 꽂는다) 등도 모두 종족의 풍수 중시 자세나 번영을 향한 의지를 이야기해준다. 량(梁) 씨 사당은 풍수설에 따라 세워졌기 때문에 완성까지 60년이 걸렸다는 이야기도 들었다. 이 또한 자손의 번영과 인재 배출을 기원한다는 목표에서다. 그래서 전통시대가 끝나고 신해혁명이 지나도, 전쟁 시대가 끝나도, 이 전설적인 마을은 항상 그 시대에 어울리는 우수한 인간을 배출해온 것일지 모르겠다.

후 씨 일족도 량 씨 일족도, 핑(馮) 씨족도 뤄(羅) 씨족도 맥을 이어 인재를 중국이나 세계에 배출해왔다. 20세기 초 저 멀리 베이징에서 5·4운동이 일어나 지금까지 종족을 지탱해온 유교 전통을 타도하자는 이데올로기가 휩쓸었을 때도 이 남국 변경에서는 종족의 힘으로 현대중국의 역사를 짊어지는 인재가 길러졌다.

지금 마을은 이미 관광지가 돼 종족의 명맥도 역사기억이 됐다. 돈을 벌러 외지로 나간 마을의 청장년들은 휴가 때 말고는 귀향하지 않는다. 마을의 기억을 지키는 이들은 고목 아래에서 채소를 파는 할머니들과 사당에서 여유롭게 차를 마시는 할아버지들일 것이다. 그럼에도 정월 등 전통적 축제일이 되면 마을은 화난지구 어디나 그렇듯이 사람들을 유인하듯 전통적 행사를 성대하게 치른다.

친구는 이 마을에서 커다란 시사점을 얻어 '중국'의 존재방식을 연구하기 위해 광범위한 현지연구를 거듭해왔다. 화난지구 주민이나 동남아시아 화교는 해상 네트워크에 스스로를 편입하면서도 자기의 독자적인 문화나 가치관을 전수해 천하의 백성이면서 동시에 중국인이기도 했다. 그러나 그 중국인이란 국적을 의미하기보다 생활인으로서 삶의 방식 자체를 의미한다. 종족을 기반으로 한 상호부조 시스템, 인간관계를 잇는 의례나 도의, 세계를 감지하는 가치관 등은 왕조가 바뀌며 모습도 달라졌지만 내실은 거의 변하지 않았다. 그리고 그것이야말로 '중국'인 것이다.

베이징에서 보자면 광둥은 먼 곳이다. 생활습관이나 자연환경은 물론 말조차 다른 나라 같다. 같은 '중국'으로 지금까지 역사를 공유해온 것은 도대체 어떤 원리 때문일까? 역대 왕조가 폭력으로 통일했다는 설은 그다지 설득력이 없다. 왜냐하면 중국 역사는 왕조 교체로 구성됐지만 왕조 붕괴로 '중국'이 붕괴된 적은 없기 때문이다.

그런데 붕괴하지 않은 이 중국은 국경으로 둘러싸인 것도 아니다. 오히려 국경이 의미를 갖게 된 것은 근대 이후로 그때까지 중국은 보다 유연하고 자유로운 신축성을 갖춘 네트워크로서 민중이 이끌어왔다. 광저우는, 그리고 황푸촌은 그런 '민중의 중국'을 단적으로 입증하고 있다.

역사인류학자 친구는 사람이라는 관점에서 중국을 생각해야 한다고 집요하게 주장했다. 나는 그와의 대담과 황푸촌을 비롯한 광둥 마을 견학을 통해, 지금까지 없었던 실감을 얻을 수 있었다. 학계에 통용돼온 '국가 대 사회' '정부 대 민간' '중심 대 주변' '전체 대 지역' 등 여러 이항대립은 여기서 전혀 통하지 않았다. 그렇게 나는 평범한 생활인의 '중국'을 발견할 필요성을 느끼게 됐다.

*

　이 책은 2009년부터 2013년까지 격월로 『토쇼(圖書)』에 연재한 것이다. 어디까지나 평범한 생활인의 중국을 그리자는 시도였다. 일본의 독자에게 이 중국의 체온을 전하고 싶다. 이 책 속의 '중국'이 장밋빛도 아니고 잿빛도 아님은 물론이다. 장밋빛이나 잿빛을 포함한 여러 색이 섞여 혼돈으로 가득 찬 중국이 있고 이것이 평범한 생활인에 의해 힘차게 움직이고 있다. 어떤 의미에서는 마을 고목 아래에서 영세한 장사를 하는 황푸촌의 할머니들은 격렬하게 변화해온 중국을 관통하는 강인한 혼을 상징하는 것일지도 모르겠다.

*

　이 책의 사진은 내가 찍은 것 외에는 모두 사진 연구가 가오 추(高初) 씨나 친구들에게서 얻었다. 전문 사진가의 작품과 나나 젊은 친구들의 아마추어 작품이 섞여 있다. 협력해준 이들에게 감사의 말을 전한다.

　여기에 덧붙이고 싶은 에피소드가 있다.

　「리그와 하그」 장에 실은 사진은 주인인 자오 강 씨가 제공해줬지만 리그의 사진을 찍기 위해 화가인 자오 강 씨의 부인은 1주일이나 악전고투해야 했다. 그러나 리그는 전혀 협력할 의사를 보이지 않았고 힘차게 점프를 반복하며 렌즈 안에 들어와주지 않았다. 결국 대만 개의 이 활발한 생명력을 이기지 못한 채 자오 강 부부는 어릴 적 리그 사진을 보내줬다. 어차피 리그가 일본에 가기 위해 여권을 만드는 것도 아니니 예전 모습으로 괜찮지 않겠느냐고 자오 강 씨는 여느 때와 같은 말투로 장난스럽게 말했다.

한시도 가만히 있지 않는 리그의 정반대에 작은 당나귀 시민농원의 당나귀가 있다. 이 당나귀는 지금 거의 밭일을 하지 않는 탓인지 언제나 우아한 자세로 팬 앞에서 사진의 주인공이 된다. 그래서인지 농원의 젊은 청년들은 이 당나귀를 '교수(敎授)'라고 부른다. 농원의 회원이 새로 들어오거나 떠나거나 해 끊임없이 변화하는 것과 대조적으로 교수는 매일 청결한 풀을 여유롭게 뜯으며 차분한 눈으로 작물의 성장이나 사람의 왕래를 지켜보고 있다.

중국은 어디에 있는가? 수집한 사진을 보면서 나는 '중국'의 체온을 느끼고 있었다. 만약 이 책이 중국을 재발견하는 매개가 될 수 있다면 저자로서는 더할 나위 없는 행복이다.

마지막이지만 이와나미(岩波)의 코지마 키요시(小島潔) 씨에게 깊은 감사의 마음을 전한다. 원고에 대한 코지마 씨의 상세한 점검이나 여러가지 조언을 얻을 수 있었던 것

246

은 행운이었다. 친구인 히라따 쇼오지(平田昌司) 씨가 이 책에 대한 응답을 보내주어 큰 힘이 됐다. 여러가지 중국이 있듯이 여러가지 일본도 있다. 중·일 국가관계가 긴장 상태에 있는 가운데 우정보다 깊은 지적 유대를 우리 개개인 사이에 만들어나가는 것은 결코 포기할 수 없는 노력이라고 믿는다.

2014년 가을, 베이징에서.

역자후기

고백하건대 중국을 잘 모른다. '업계'로 따지면 중국 전공자가 아닐뿐더러, 몇차례 여러 도시에 가봤고 여러 사람들과 교류한 것이 다였으니 말이다. 그래서 처음 번역을 의뢰받았을 때 머뭇거릴 수밖에 없었다. 번역이야 어떻게든 할 수는 있겠지만 제대로 뜻을 파악할 수 있을지, 무엇보다도 번역 과정에서 흥미를 느낄 수 있을지 미지수였기 때문이다.

그럼에도 번역에 나선 것은, 우선 저자가 나를 역자로 지목했기 때문이다. 동아시아의 여러 도시에서 열린 수차례 회의를 통해 많은 가르침을 받은 쑨 거 선배의 부탁을 거절하기는 힘들었다. 게다가 저자가 일본어로 쓴 책이니 거절할 명분이 없었다. 그리하여 상대적으로 짧은 분량이라는 점에 위안을 얻어 번역을 맡았다. 저자가 중국의 현재를 에세이 형식으로 일본 독자에게 전하는 가벼운 책이라는 마음으로 시작했다. 이 정도면 시간이 얼마 걸리지 않을 거라는 지극히 '경제적인' 계산을 하면서.

그런데 막상 시작해보니 후회막심이었다. 가볍고 짧은 책이 아니었던 것이다. 선배의 책이나 글을 여러편 읽었지만 그중에서도 가장 '사상적'인 책이었다. 감당할 만한 마음가짐을 미처 준비하지 못한 채 번역에 착수한 것이 후회됐다. 중국과 대만과 홍콩에서 보고 듣고 느낀 것을 그저 감상적이거나 교훈적으로 제시하는 책이었다면 좋았으련만. 각 장마다 글들이 몇차례의 뒤틀림 속에서 묵중한 무게를 던지고 있는 터라 한국어 문장을 어떻게 조립해야 할지 난감했다. 문장 자체는 이해가 가는데 그 함의가 무엇인지를 한참 동안 생각해봐야 했다. 게다가 각 장 사이에는 묘한 공명이 있어 말로 표현하기 어려운 여운이 오래 남았다. 쉽게 생각했던 것은 큰 오판이었다. 번역은 중단의 연속이라 차일피일 미뤄졌고 끝내고 나니 만족스럽지 않은 결과만 남았다. 독자들에게는 큰 폐를 끼칠 수밖에 없어서 한없이 죄송스럽지만, 시간과 공을 들여 작업에 임했다는 것만은 구차하지만 변명으로 남겨둔다.

이 책은 저자가 대륙 중국과 대만과 홍콩 등지에서 일상과 여행을 통해 보고 듣고 만나고 느낀 것을 엮은 에세이

모음이다. 일본 독자에게 중국의 현재를 알리려는 의도에서. 그런데 아무리 읽어봐도 중국의 현재를 알리는 데 그치지 않는다. 아니 그 의도는 어디선가 사라져버리고 차라리 자연과 사물과 사람을 사유로 전유하고 언어로 조직하는 고투만이 고스란히 남는다. 그런 의미에서 이 책은 일기나 기행문이라기보다는 일급 사상서다. 저자의 전문영역인 사상사를 다뤘다는 의미가 아니다. 전문 연구자로서 저자의 명성은 익히 알려진 바다. 그의 저서가 지닌 깊이나 완성도도 포함해서. 그런데 이 책은 그런 완결된 작품이 아니다. 오히려 저자의 사상사 작업이 어떤 과정을 통해 주조되는지를 보여주는 공정(工程)을 보여주는 듯하달까?

눈앞의 대상이 책이든 사람이든 현상이든 사물이든, 저자가 대상과 마주하는 방법은 결코 주체와 객체의 분할을 전제한 타동사적 절차가 아니다. 오히려 저자의 방법은 대상과 마주하여 자신을 그 일회적 만남 속에서 하나의 고유한 자아로 구성하는 성질의 것이다. 이 책의 각 장은 쑨 거라는 저자가 어떻게 각각의 만남 속에서 서로 다른 자아로 구성되는지를 보여준다. 그리고 그 개개의 자아를 관통하는 저자 쑨 거의 일관성은 포착할 수는 있되 말할 수 없는 무언가로 남는다. 기묘한 책이다. 정리할 수는 없지만 일관된 여운을 남기는 저자의 내공에 탄복할 따름이다.

저자는 사신(私信)에서 자기의 어떤 책보다도 공을 들였

250

고 애정이 가는 저서라고 했다. 번역을 시작하기 전에 들은 이야기였다. 육중한 사상사 작업을 해온 저자가 과장하는 것이라 여겼다. 번역을 마치고 다시 받은 사신에서도 똑같은 이야기를 반복했다. 납득이 갔다. 자기가 어떻게 세상과 만나는지를 여실히 드러내 보인 작품이기에 그렇다. 연구자들은 대체로 재미없고 딱딱한 글을 쓴다고 알려져 있다. 그러나 그 재미없음과 딱딱함은 다루는 대상이나 문체 탓이 아니다. 글이 글인 한에서 그것은 어떤 형태로든 몸짓의 흔적을 남긴다. 그래서 글은 춤과 닮아 있다. 그런 의미에서 보자면 재미없음과 딱딱함은 서툰 춤에서 느껴지는 부끄러움과 똑같다. 이 책은 유려한 춤이다. 글이 전하는 명시적 풍경이나 의미와 더불어 저자의 춤사위가 느껴진다. 그런데 옮긴이의 몸은 잔뜩 굳어 있다. 잘 옮긴 것일까? 불안할 따름이다.

결국 중국을 더 잘 알게 되었을까? 아닐 것이다. 중국은 그렇게 잘 혹은 덜 아는 대상이 아니다. 중국은 마주한 이를 만남 속에서 고유한 자아로 만드는 구성적 계기다. 그래서 저마다의 중국이 있다는 범박한 교훈이 아니라, 스스로를 자아로 구성하는 계기 없이 중국은 결코 만날 수 없는 무엇이다. 이것이 이 책의 중국이다. 쑨 거는 중국인이다. 하지만 쑨 거의 중국은 그런 법적 규정 속에 실존하지 않는다. 저자는 계속해서 중국과 마주해 자아를 그때마다 구성하려 한다. 이 책의 중국은, 그래서, 쑨 거의 자기 생성의 장이기도 하다. 다시 한번, 기묘한 책이다. 중국만이 아닐 것이다. 눈앞의 세상과 타자와 마주하면서 자아를 구성하는 경험 없이 사상은 없다. 쑨 거의 육중한 작품들을 관통하는 하나의 태도를 이제서야 포착한 느낌이다.

두서없이 길어졌다. 상투적이지만 감사의 말을. 옮긴이를 지목해준 쑨 거 선생께 감사드린다. 또 '무언의 압력'을 가하고 일본어 용어를 중국 원어로 찾아 해설해준 백영서 선생님께도. 난삽하기 그지없는 원고를 읽을 만한 것으로 만들어준 창비 이진혁 편집자에게는 특별한 감사를. 많이도 기다려주셨고 많이도 참아주셨다. 두번째 작업인데 게으름과 무능을 인내와 솜씨로 되갚는 시스템은 여전했다. 부디 많은 분들께서 읽어주시길.

2016년 4월 12일

김항

중국의 체온
중국 민중은 어떻게 살아가는가

초판 1쇄 발행 / 2016년 5월 27일
초판 2쇄 발행 / 2016년 7월 20일

지은이 / 쑨 거
옮긴이 / 김항
펴낸이 / 강일우
책임편집 / 이진혁
조판 / 박지현
펴낸곳 / (주)창비
등록 / 1986년 8월 5일 제85호
주소 / 10881 경기도 파주시 회동길 184
전화 / 031-955-3333
팩시밀리 / 영업 031-955-3399 편집 031-955-3400
홈페이지 / www.changbi.com
전자우편 / human@changbi.com

한국어판 ⓒ (주)창비 2016
ISBN 978-89-364-7290-0 03910